# Essential Snare Drum Exercises

## by Mat Marucci

*Mat Marucci is a recording artist for CIMP/Cadence Jazz Records and an endorser for Zildjian cymbals, Vic Firth drumsticks and Remo drumheads.*



*WWW.MELBAY.COM*

# Foreword

The inspiration for this book came from *Stick Control for the Snare Drummer* by George Lawrence Stone, for whom, I have the utmost respect.

After years of playing and practicing exercises from the book in a variety of different ways, I noticed that there were some logical sticking combinations that Mr. Stone, for whatever reasons, has elected not to use. The first and most recognized of these by many students of the book is Exercise #72, the last of the Single-Beat Combinations, which has only a right-hand lead. Many students have noticed this and added a left-hand lead to the exercise. The last time I played through the book, I started marking the missing stickings and began to compile this book.

Mr. Stone based his book on the Arban trumpet method. He used eight single and double combinations, each with right and left-hand leads, as the basis for his sticking exercises: RLRL/LRLR; RRLL/LLRR; RLRR/LRLL; RLLR/LRRL; RRLR/LLRR; RRRL/LLLR; RLLL/LRRR; RRRR/LLLL and then juxtaposed those stickings, combining them with each other. When I compiled the exercises, with the exception of the triplet sections, I used only those eight combinations when adding new stickings. To do otherwise would have produced a thesaurus of stickings that would have made the book hundreds of pages long. In addition, I based my additions entirely on the same rhythms that were used by Mr. Stone.

As an example, while all eight of the original combinations were used in the beginning of Stone's book, I noticed that later on, some were not used. While the standard paradiddle sticking of RLRR/LRLL was used for some exercises, inverted and reverse paradiddle sticking of RLLR or RRLR was not. I included these in my stickings. The same was done with any exercises that did not revert from a right-hand lead to a left-hand lead playing the same rhythmic combinations.

The additional triplet variations have to do with the broken triplets that were not included in the book ( i.e., 8th rest-8th note-8th note and 8th note-8th rest-8th note). These could have been overlooked because they were not as prevalent in the music Mr. Stone was accustomed to at the time the book was written, but this is only speculation. I also made changes to the time signatures, changing 2 measures of cut time to 1 measure of 4/4 time, which brings some of the exercises up-to-date in regard to common usage among younger students. Some additional changes include changing some 6/8 time to 2/4, or converting 2 measures of 2/4 to 4/4.

All of these changes were made for purposes of making the exercises easier to read, to better keep count of the 20 repetitions Mr. Stone suggests in the *Stick Control* book, and also to respect his work by not copying his exercises exactly. The exercises, however, play and sound exactly the same as they would in the original time signatures. I believe my renditions are simply easier to read and count.

Except for the above mentioned changes, I believe I stayed well within the parameters that were set by Mr. Stone, but without copying him exactly.

*Essential Snare Drum Exercises* was a very ambitious project that took months to complete. I have played all of the exercises and have found they are extremely beneficial to drumming technique. In fact, after playing through *Stick Control* at least a dozen times, following with a couple of run throughs of Mr. Stone's *Accents and Rebounds*, I was not only very pleased at the result, but also amazed at how well they worked and how much benefit I derived from doing them.

I hope you will find these exercises equally as beneficial and enjoy playing them. They will definitely add to your technical prowess, sticking ability and all-round drumming technique.

*Mat Marucci*

# Dedication

I would like to thank my former student and friend Steve Nader who, seeing the condition of my old *Stick Control* book, gave me a new copy, which inspired me to play though the book one more time resulting in my putting these additional exercises on paper.

I would also like to give a special thanks to my wife Diane for all her help with putting this book together and her patience with the constant rewrites.

# Contents

# Part 1

## Single and Double-Stroke Combinations

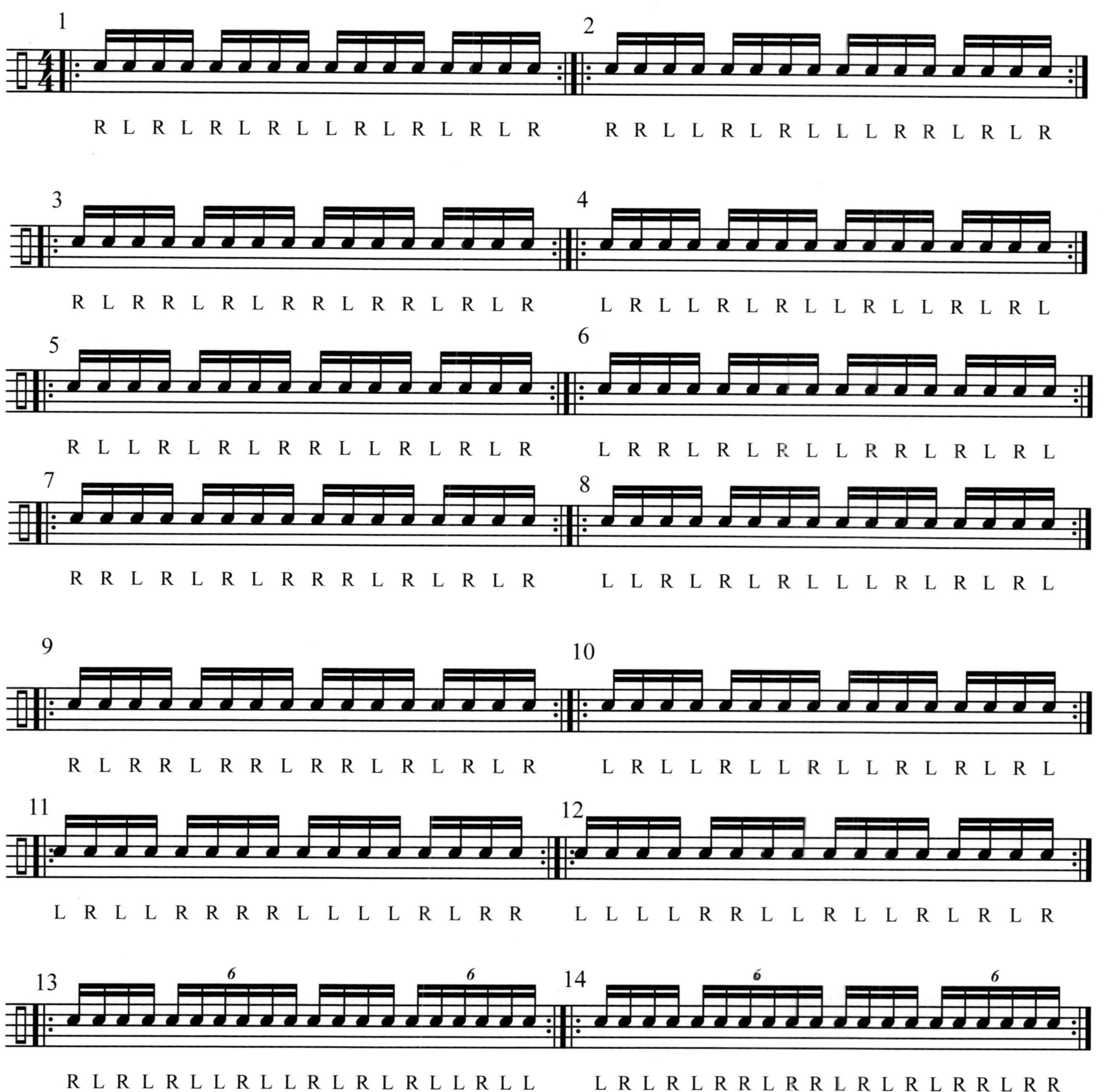

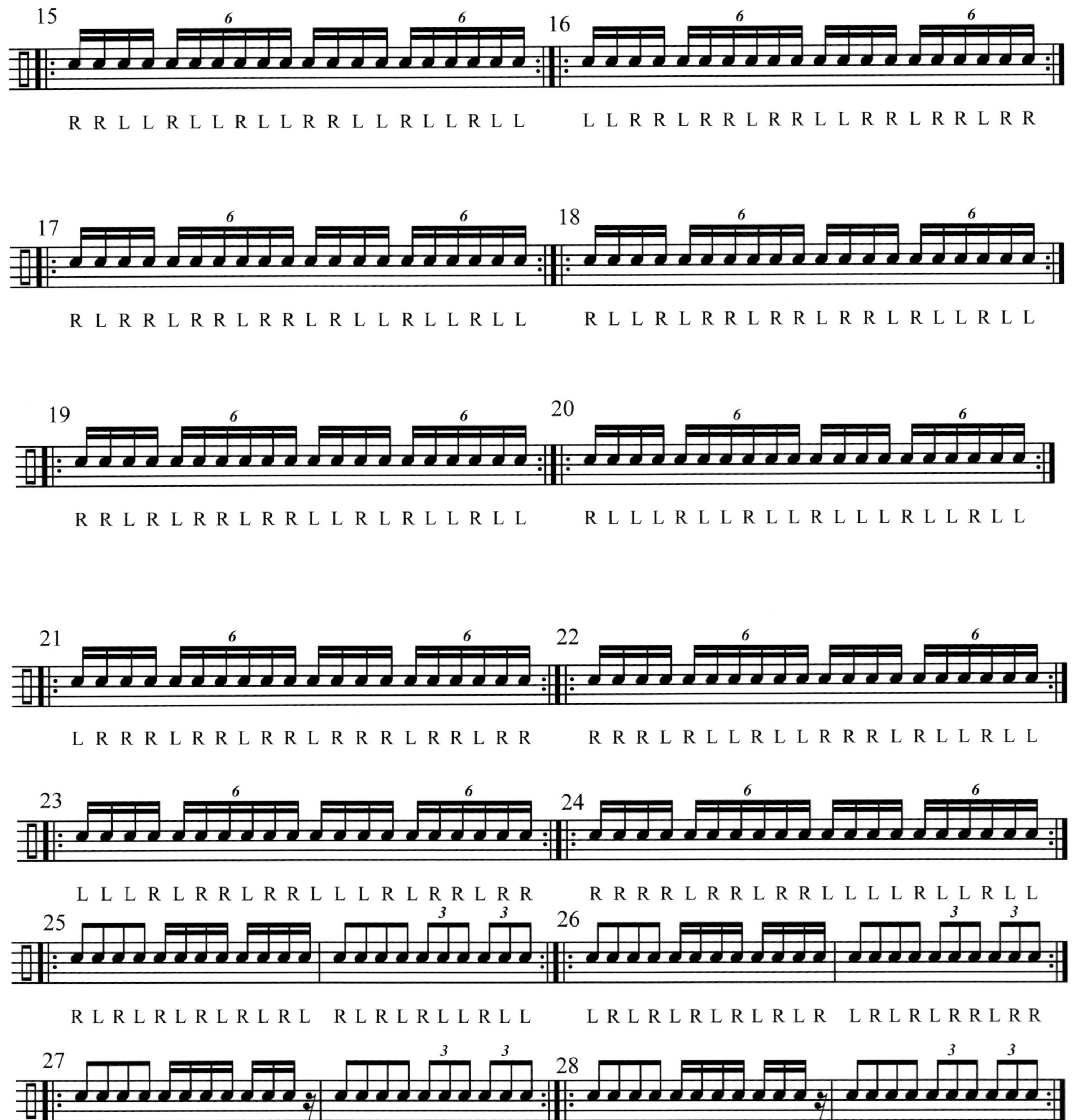
15
R R L L R L L R L L R R L L R L L R L L
16
L L R R L R R L R R L L R R L R R L R R
17
R L R R L R R L R R L R L L R L L R L L
18
R L L R L R R L R R L R R L R L L R L L
19
R R L R L R R L R R L L R L R L L R L L
20
R L L L R L L R L L R L L L R L L R L L
21
L R R R L R R L R R L R R R L R R L R R
22
R R R L R L L R L L R R R L R L L R L L
23
L L L R L R R L R R L L L R L R R L R R
24
R R R R L R R L R R L L L L R L L R L L
25
R L R L R L R L R L R L
R L R L R L L R L L
26
L R L R L R L R L R L R
L R L R L R R L R R
27
R L R L R L R L R L R
R L R L R L L R L L
28
L R L R L R L R L R L
L R L R L R R L R R

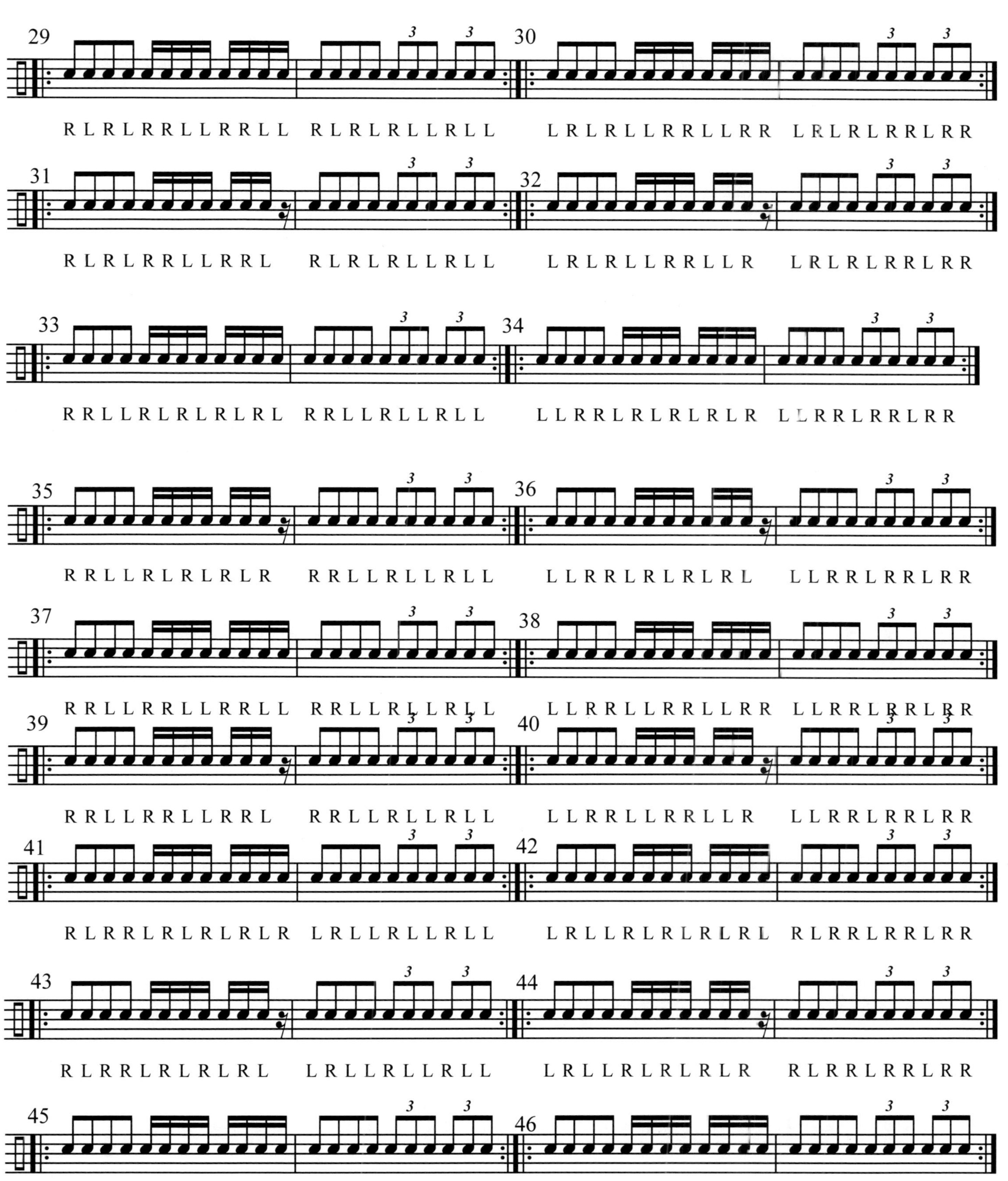
29
R L R L R R L L R R L L
R L R L R L L R L L
30
L R L R L L R R L L R R
L R L R L R R L R R
31
R L R L R R L L R R L
R L R L R L L R L L
32
L R L R L L R R L L R
L R L R L R R L R R
33
R R L L R L R L R L R L
R R L L R L L R L L
34
L L R R L R L R L R L R
L L R R L R R L R R
35
R R L L R L R L R L R
R R L L R L L R L L
36
L L R R L R L R L R L
L L R R L R R L R R
37
R R L L R R L L R R L L
R R L L R L L R L L
38
L L R R L L R R L L R R
L L R R L R R L R R
39
R R L L R R L L R R L
R R L L R L L R L L
40
L L R R L L R R L L R
L L R R L R R L R R
41
R L R R L R L R L R L R
L R L L R L L R L L
42
L R L L R L R L R L R L
R L R R L R R L R R
43
R L R R L R L R L R L
L R L L R L L R L L
44
L R L L R L R L R L R
R L R R L R R L R R
45
R L R R L L R R L L R R
L R L L R L L R L L
46
L R L L R R L L R R L L
R L R R L R R L R R

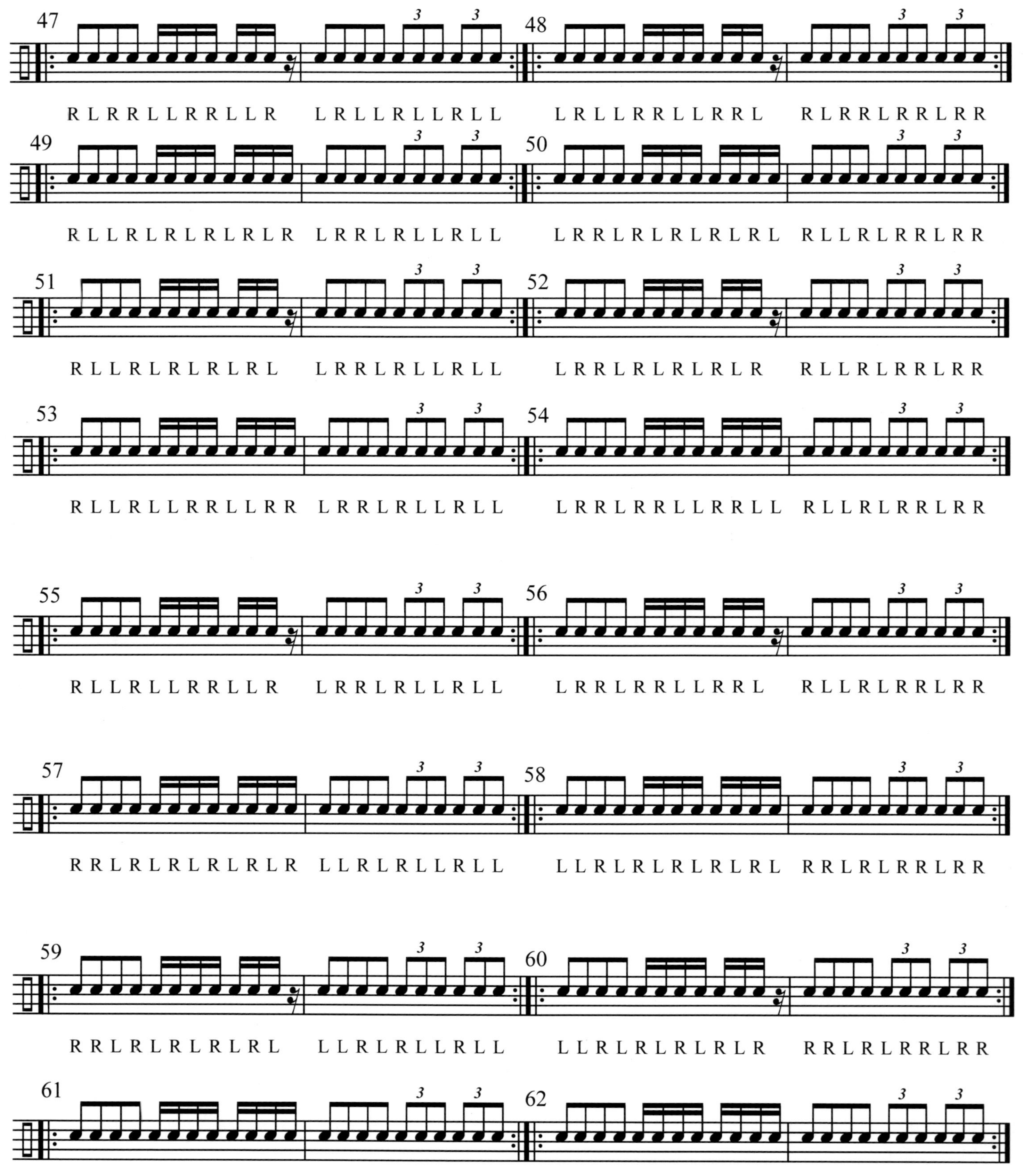
47
3 3
R L R R L L R R L L R L R L L R L L R L L
48
3 3
L R L L R R L L R R L R L R R L R R L R R
49
3 3
R L L R L R L R L R L R L R R L R L L R L L
50
3 3
L R R L R L R L R L R L R L L R L R R L R R
51
3 3
R L L R L R L R L R L L R R L R L L R L L
52
3 3
L R R L R L R L R L R R L L R L R R L R R
53
3 3
R L L R L L R R L L R R L R R L R L L R L L
54
3 3
L R R L R R L L R R L L R L L R L R R L R R
55
3 3
R L L R L L R R L L R L R R L R L L R L L
56
3 3
L R R L R R L L R R L R L L R L R R L R R
57
3 3
R R L R L R L R L R L R L L R L R L L R L L
58
3 3
L L R L R L R L R L R L R R L R L R R L R R
59
3 3
R R L R L R L R L R L L L R L R L L R L L
60
3 3
L L R L R L R L R L R R R L R L R R L R R
61
3 3
R R L R L L R R L L R R L L R L R L L R L L
62
3 3
L L R L R R L L R R L L R R L R L R R L R R

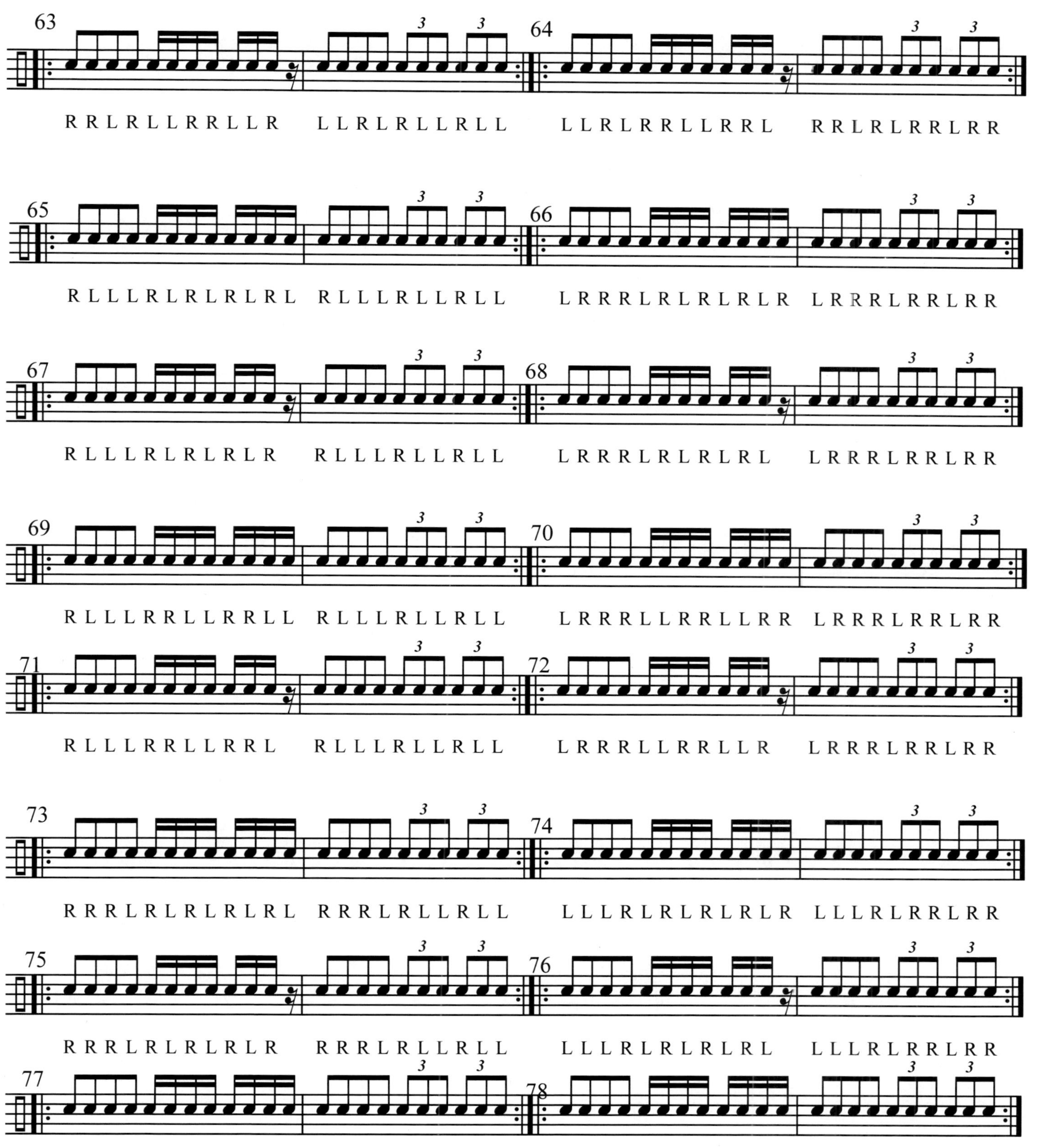
63
R R L R L L R R L L R
L L R L R L L R L L
64
L L R L R R L L R R L
R R L R L R R L R R
65
R L L L R L R L R L R L
R L L L R L L R L L
66
L R R R L R L R L R L R
L R R R L R R L R R
67
R L L L R L R L R L R
R L L L R L L R L L
68
L R R R L R L R L R L
L R R R L R R L R R
69
R L L L R R L L R R L L
R L L L R L L R L L
70
L R R R L L R R L L R R
L R R R L R R L R R
71
R L L L R R L L R R L
R L L L R L L R L L
72
L R R R L L R R L L R
L R R R L R R L R R
73
R R R L R L R L R L R L
R R R L R L L R L L
74
L L L R L R L R L R L R
L L L R L R R L R R
75
R R R L R L R L R L R
R R R L R L L R L L
76
L L L R L R L R L R L
L L L R L R R L R R
77
R R R L R R L L R R L L
R R R L R L L R L L
78
L L L R L L R R L L R R
L L L R L R R L R R

79
R R R L R R L L R R L R R R L R L L R L L
80
L L L R L L R R L L R L L L R L R R L R R
81
R R R R L R L R L R L R L L L L R L L R L L
82
L L L L R L R L R L R L R R R R L R R L R R
83
R R R R L R L R L R L L L L L R L L R L L
84
L L L L R L R L R L R R R R R L R R L R R
85
R R R R L L R R L L R R L L L L R L L R L L
86
L L L L R R L L R R L L R R R R L R R L R R
87
R R R R L L R R L L R L L L L R L L R L L
88
L L L L R R L L R R L R R R R L R R L R R
89
R L R L R R R L L L R L R L R R R L L L
90
L R L R L L L R R R L R L R L L L R R R
91
R R L L R R R L L L R R L L R R R L L L
92
L L R R L L L R R R L L R R L L L R R R
93
R L R R L L L R R R L R L L R R R L L L
94
R L L R L L L R R R L R R L R R R L L L

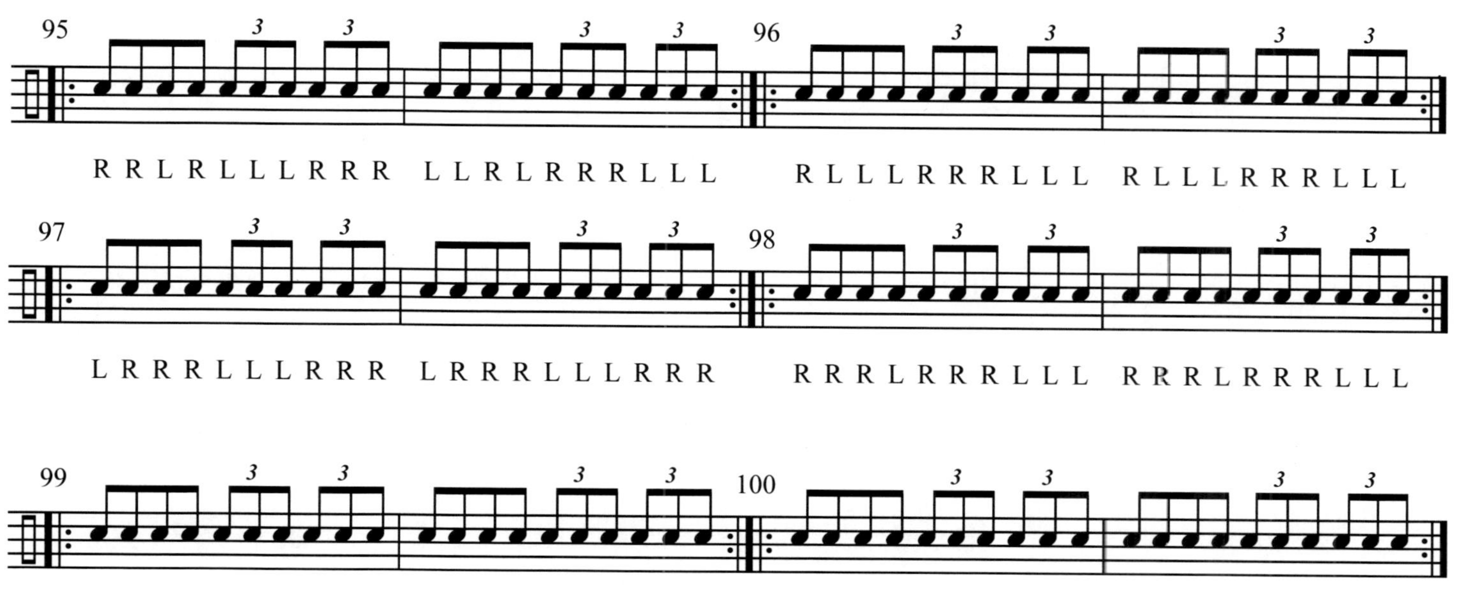
95
R R L R L L L R R R L L R L R R R L L L
96
R L L L R R R L L L R L L L R R R L L L
97
L R R R L L L R R R L R R R L L L R R R
98
R R R L R R R L L L R R R L R R R L L L
99
L L L R L L L R R R L L L R L L L R R R
100
R R R R L L L R R R L L L L R R R L L L

# Part 2
## Triplet Combinations

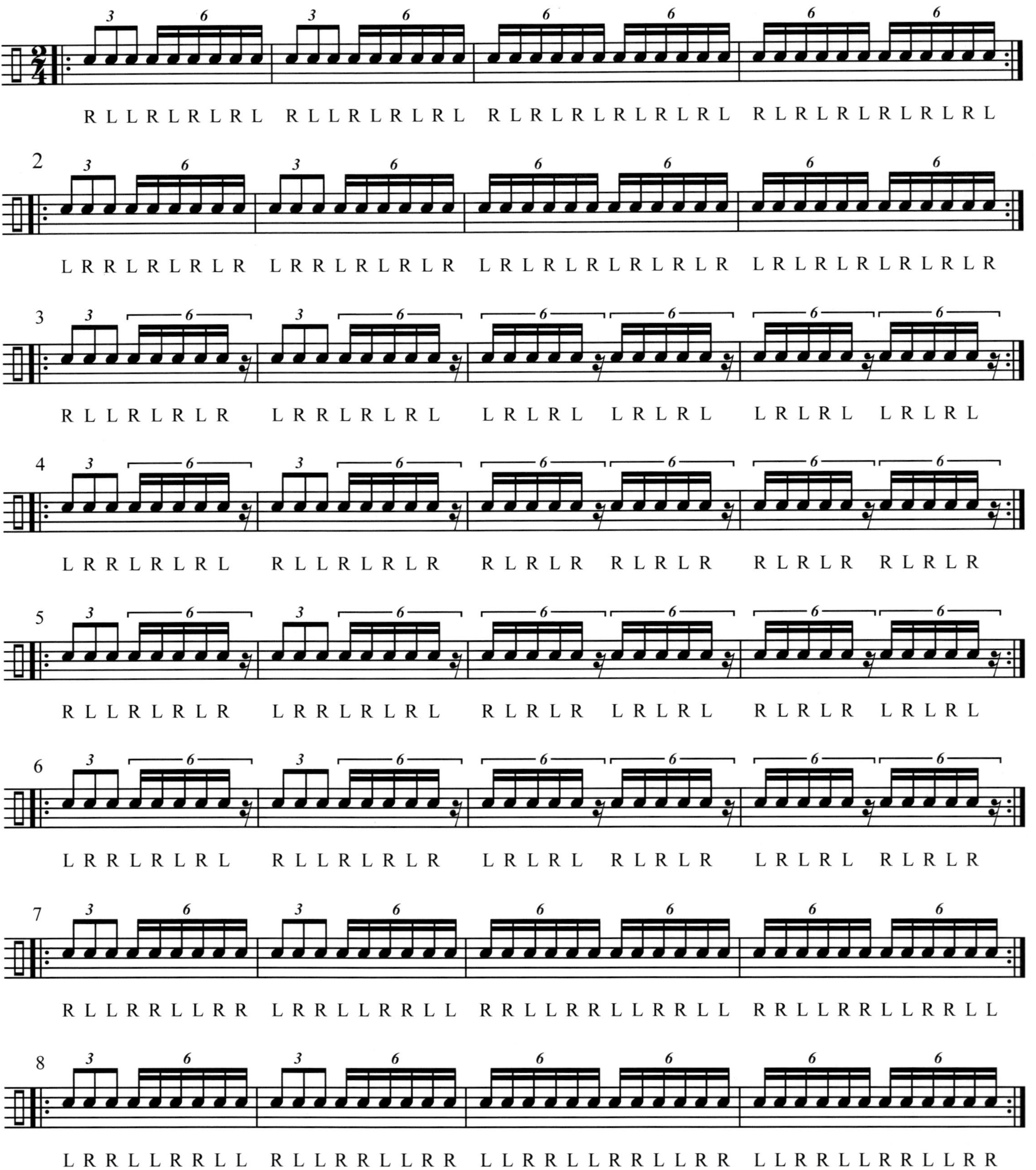

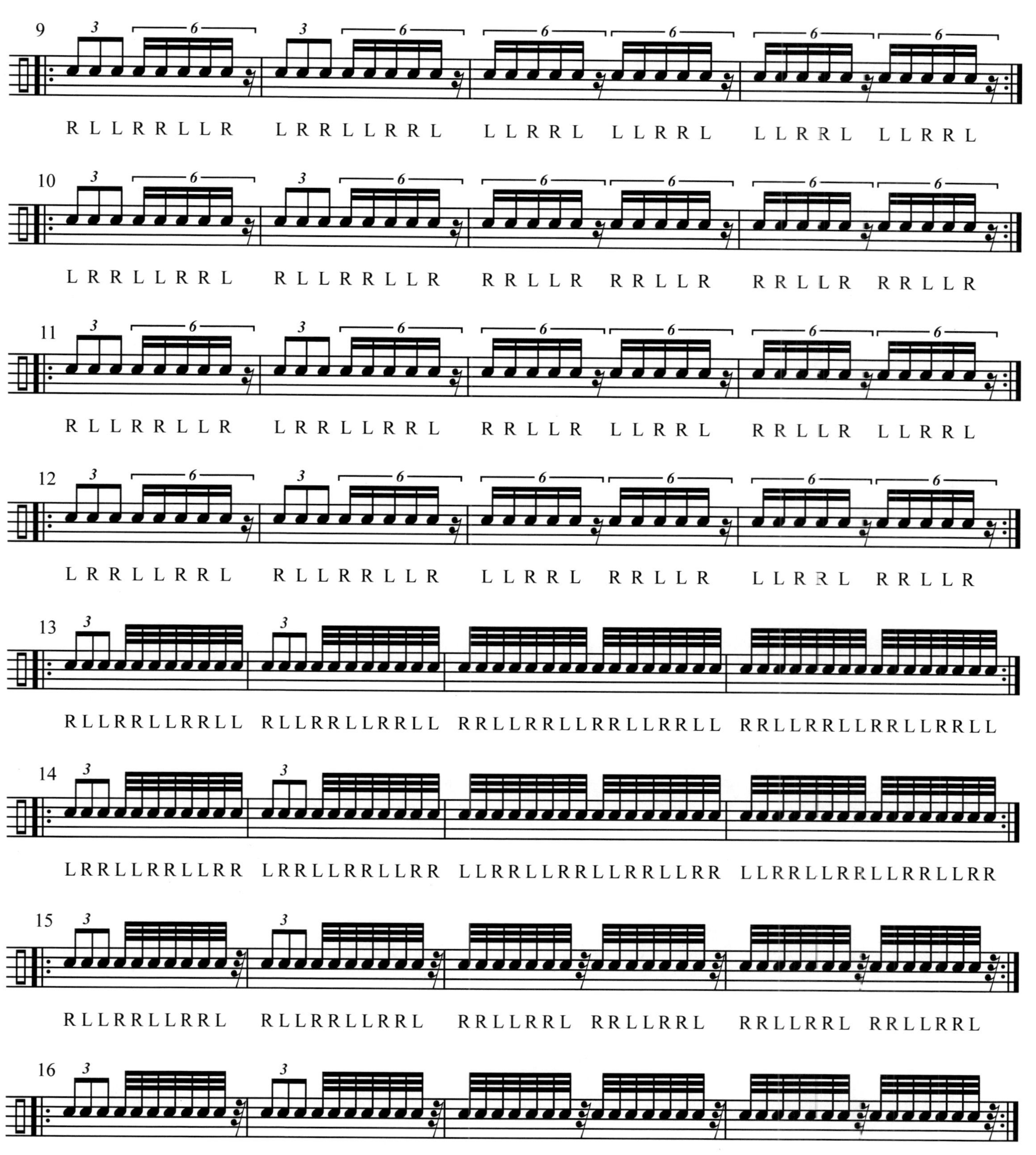
9
R L L R R L L R   L R R L L R R L   L L R R L   L L R R L   L L R R L   L L R R L
10
L R R L L R R L   R L L R R L L R   R R L L R   R R L L R   R R L L R   R R L L R
11
R L L R R L L R   L R R L L R R L   R R L L R   L L R R L   R R L L R   L L R R L
12
L R R L L R R L   R L L R R L L R   L L R R L   R R L L R   L L R R L   R R L L R
13
RLLRRLLRRLL   RLLRRLLRRLL   RRLLRRLLRRLLRRLL   RRLLRRLLRRLLRRLL
14
LRRLLRRLLRR   LRRLLRRLLRR   LLRRLLRRLLRRLLRR   LLRRLLRRLLRRLLRR
15
RLLRRLLRRL   RLLRRLLRRL   RRLLRRL   RRLLRRL   RRLLRRL   RRLLRRL
16
LRRLLRRLLR   LRRLLRRLLR   LLRRLLR   LLRRLLR   LLRRLLR   LLRRLLR

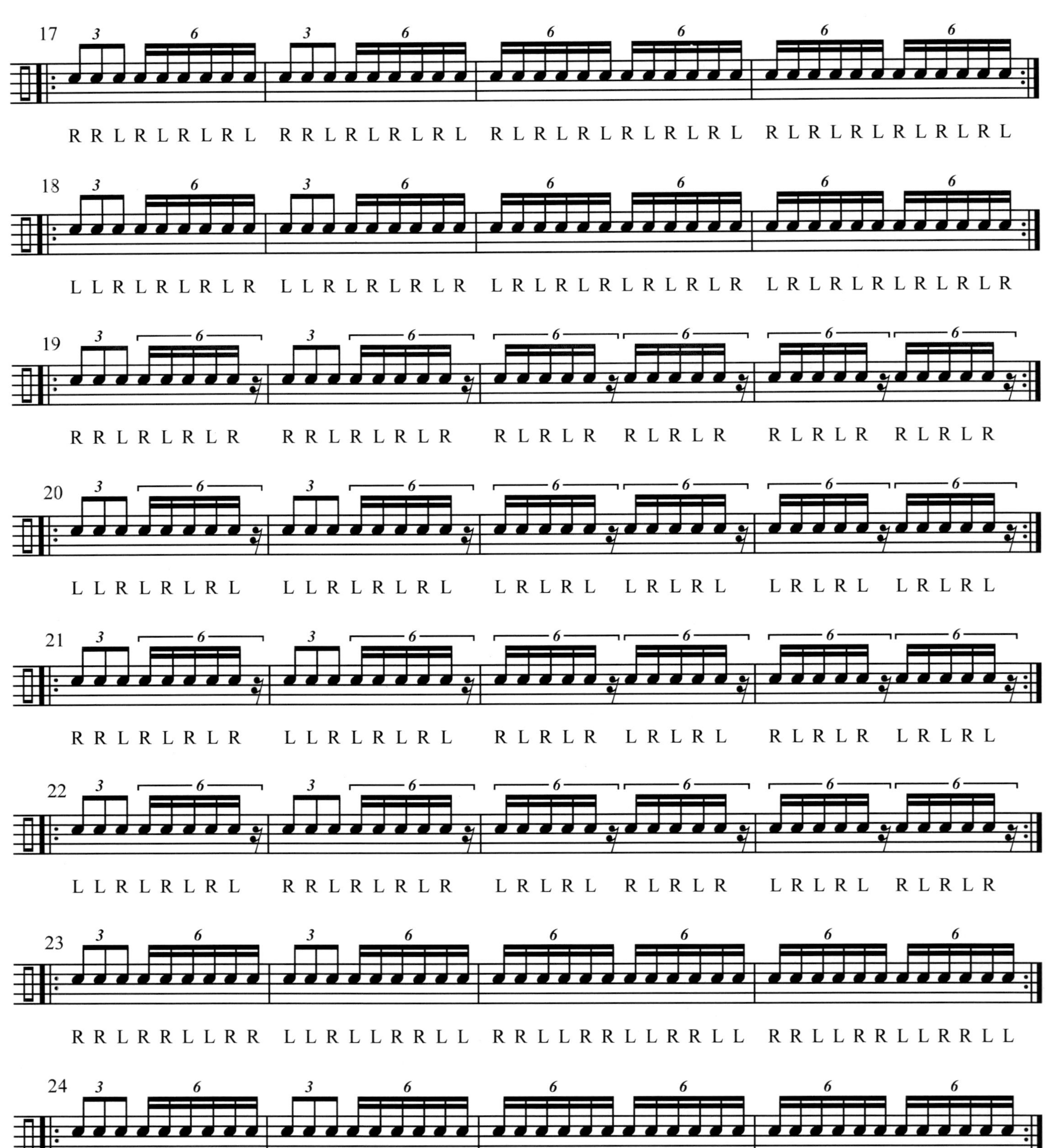
17
R R L R L R L R L   R R L R L R L R L   R L R L R L R L R L R L   R L R L R L R L R L R L
18
L L R L R L R L R   L L R L R L R L R   L R L R L R L R L R L R   L R L R L R L R L R L R
19
R R L R L R L R   R R L R L R L R   R L R L R   R L R L R   R L R L R   R L R L R
20
L L R L R L R L   L L R L R L R L   L R L R L   L R L R L   L R L R L   L R L R L
21
R R L R L R L R   L L R L R L R L   R L R L R   L R L R L   R L R L R   L R L R L
22
L L R L R L R L   R R L R L R L R   L R L R L   R L R L R   L R L R L   R L R L R
23
R R L R R L L R R   L L R L L R R L L   R R L L R R L L R R L L   R R L L R R L L R R L L
24
L L R L L R R L L   R R L R R L L R R   L L R R L L R R L L R R   L L R R L L R R L L R R

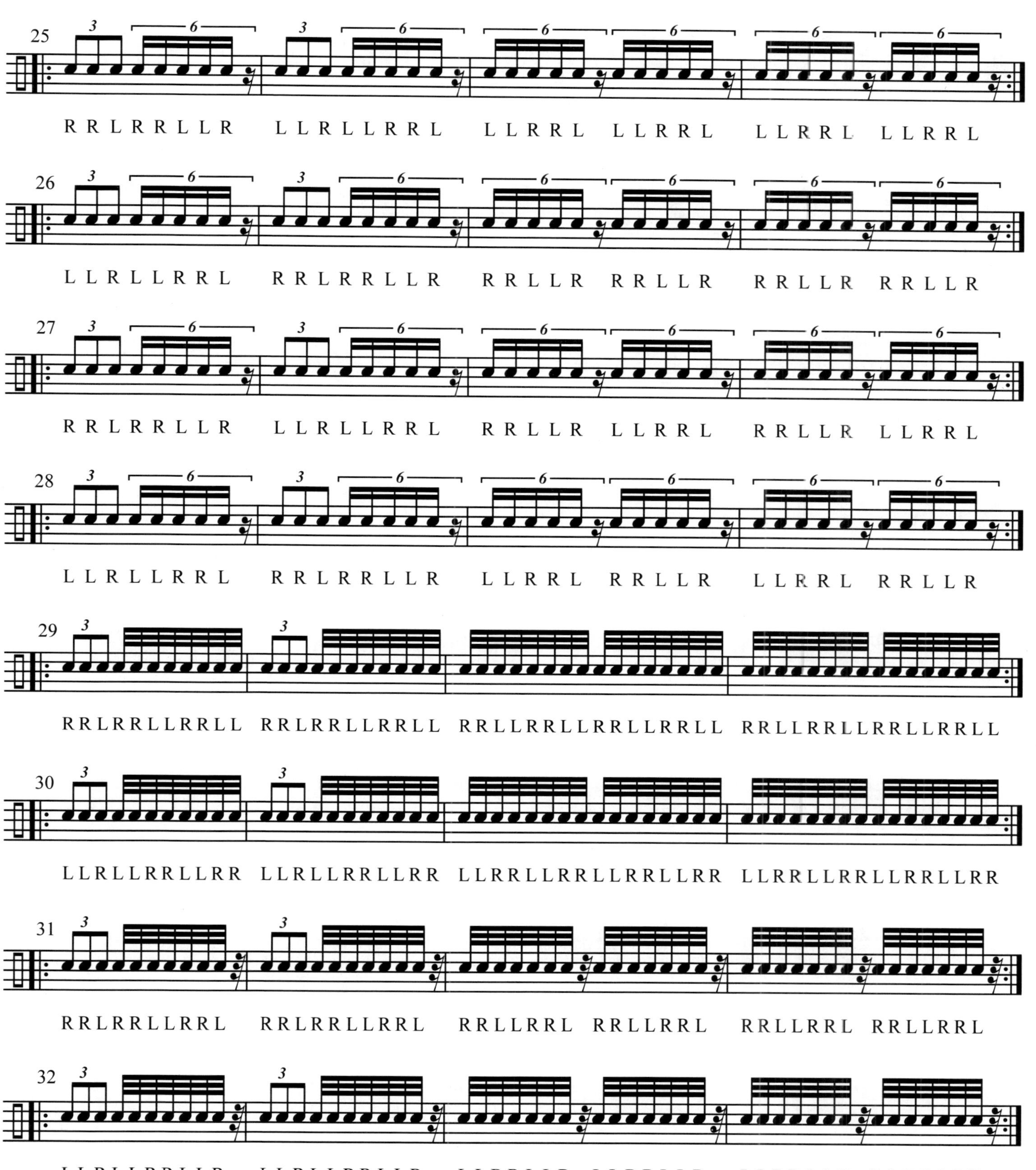
25
3 6 3 6 6 6 6 6
R R L R R L L R L L R L L R R L L L R R L L L R R L L L R R L L L R R L
26
3 6 3 6 6 6 6 6
L L R L L R R L R R L R R L L R R R L L R R R L L R R R L L R R R L L R
27
3 6 3 6 6 6 6 6
R R L R R L L R L L R L L R R L R R L L R L L R R L R R L L R L L R R L
28
3 6 3 6 6 6 6 6
L L R L L R R L R R L R R L L R L L R R L R R L L R L L R R L R R L L R
29
3 3
RRLRRLLRRLL RRLRRLLRRLL RRLLRRLLRRLLRRLL RRLLRRLLRRLLRRLL
30
3 3
LLRLLRRLLRR LLRLLRRLLRR LLRRLLRRLLRRLLRR LLRRLLRRLLRRLLRR
31
3 3
RRLRRLLRRL RRLRRLLRRL RRLLRRL RRLLRRL RRLLRRL RRLLRRL
32
3 3
LLRLLRRLLR LLRLLRRLLR LLRRLLR LLRRLLR LLRRLLR LLRRLLR

L L L R R L L R R L L L R R L L R R L L R R L L R R L L R R L L R R L L R R L L R R L L R R

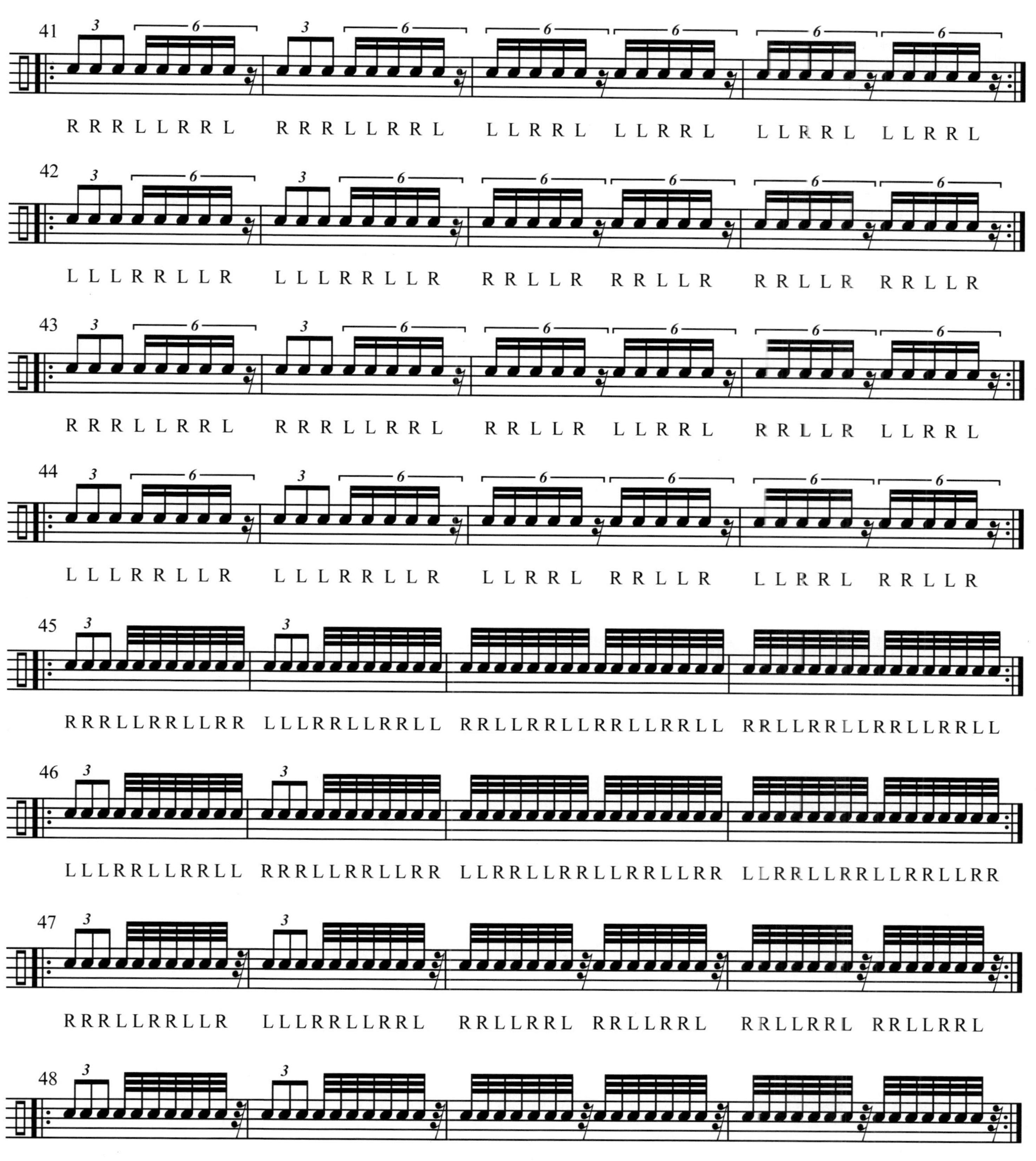
41
3
6
R R R L L R R L
R R R L L R R L
L L R R L
L L R R L
L L R R L
L L R R L
42
L L L R R L L R
L L L R R L L R
R R L L R
R R L L R
R R L L R
R R L L R
43
R R R L L R R L
R R R L L R R L
R R L L R
L L R R L
R R L L R
L L R R L
44
L L L R R L L R
L L L R R L L R
L L R R L
R R L L R
L L R R L
R R L L R
45
RRRLLRRLLRR
LLLRRLLRRLL
RRLLRRLLRRLLRRLL
RRLLRRLLRRLLRRLL
46
LLLRRLLRRLL
RRRLLRRLLRR
LLRRLLRRLLRRLLRR
LLRRLLRRLLRRLLRR
47
RRRLLRRLLR
LLLRRLLRRL
RRLLRRL
RRLLRRL
RRLLRRL
RRLLRRL
48
LLLRRLLRRL
RRRLLRRLLR
LLRRLLR
LLRRLLR
LLRRLLR
LLRRLLR

49
3 6 3 6 6 6 6 6
L R L R L R L R L R L R L R L R L R L R L R L R L R L R L R L R
50
3 6 3 6 6 6 6 6
L R L R R L L R L R L R R L L R L L R R L R R L L R L L R R L R R L L R

# Part 3

## Single Strokes, Double Strokes and Triplets

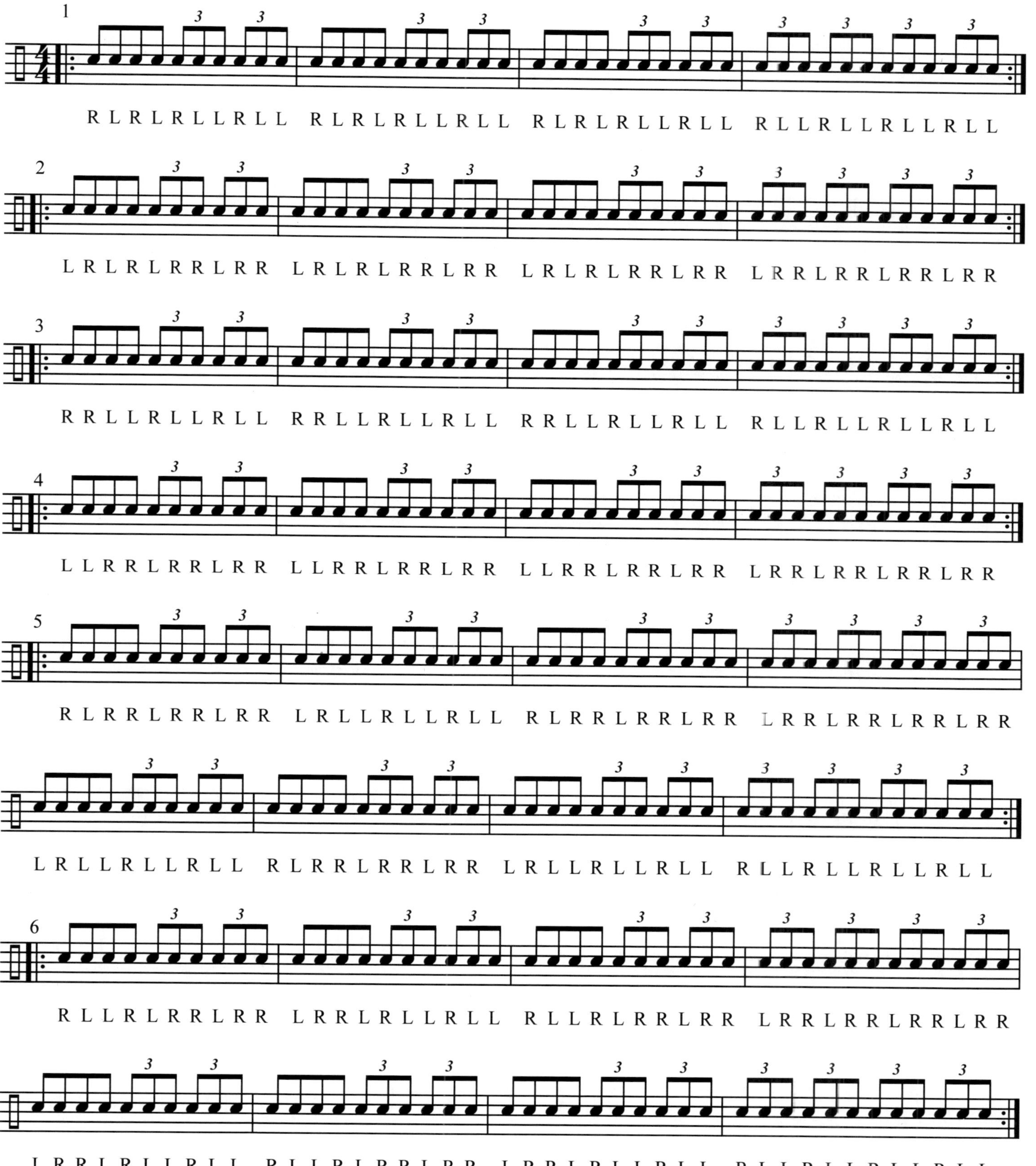

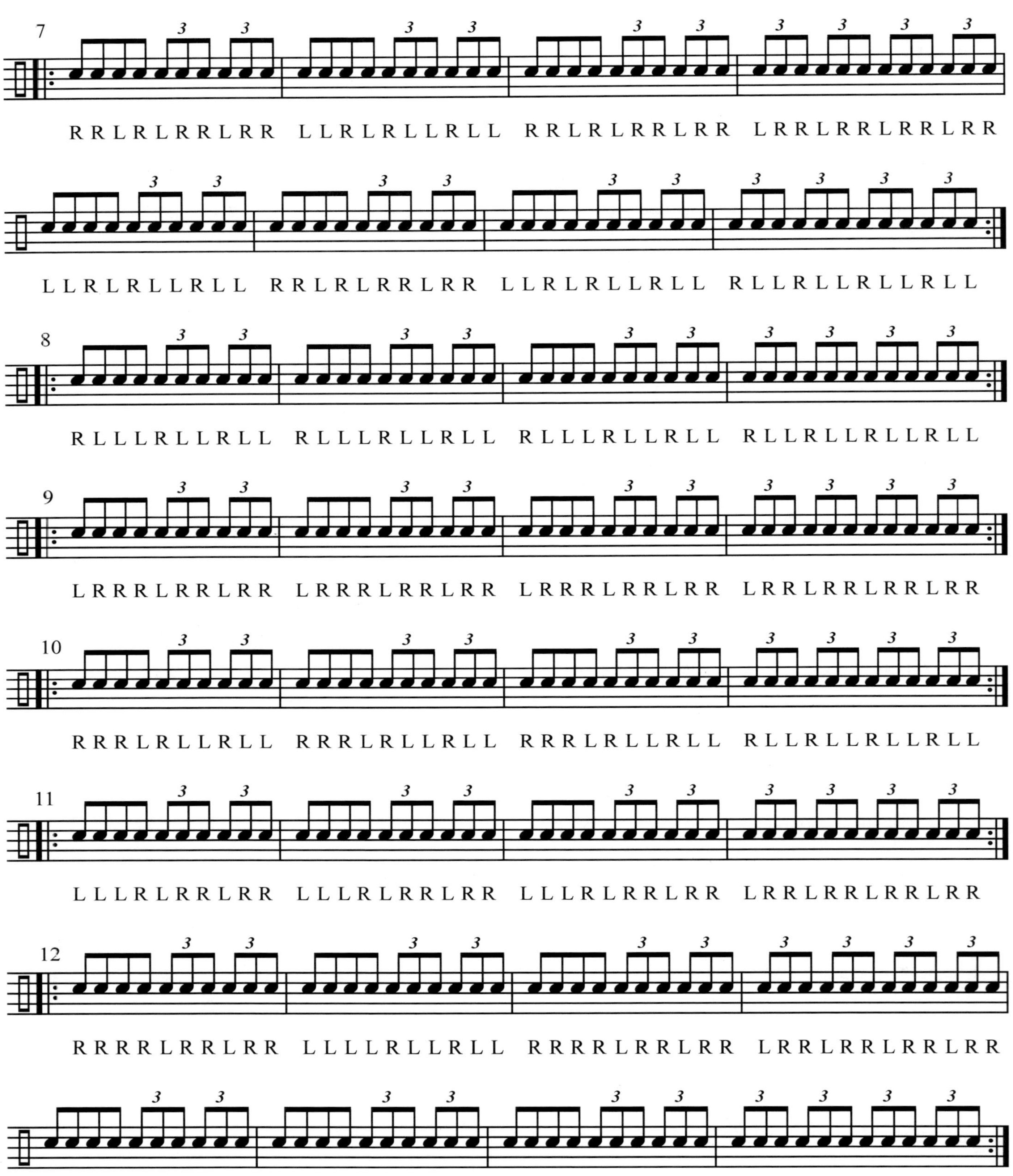
7
R R L R L R R L R R   L L R L R L L R L L   R R L R L R R L R R   L R R L R R L R R L R R
L L R L R L L R L L   R R L R L R R L R R   L L R L R L L R L L   R L L R L L R L L R L L
8
R L L L R L L R L L   R L L L R L L R L L   R L L L R L L R L L   R L L R L L R L L R L L
9
L R R R L R R L R R   L R R R L R R L R R   L R R R L R R L R R   L R R L R R L R R L R R
10
R R R L R L L R L L   R R R L R L L R L L   R R R L R L L R L L   R L L R L L R L L R L L
11
L L L R L R R L R R   L L L R L R R L R R   L L L R L R R L R R   L R R L R R L R R L R R
12
R R R R L R R L R R   L L L L R L L R L L   R R R R L R R L R R   L R R L R R L R R L R R
L L L L R L L R L L   R R R R L R R L R R   L L L L R L L R L L   R L L R L L R L L R L L

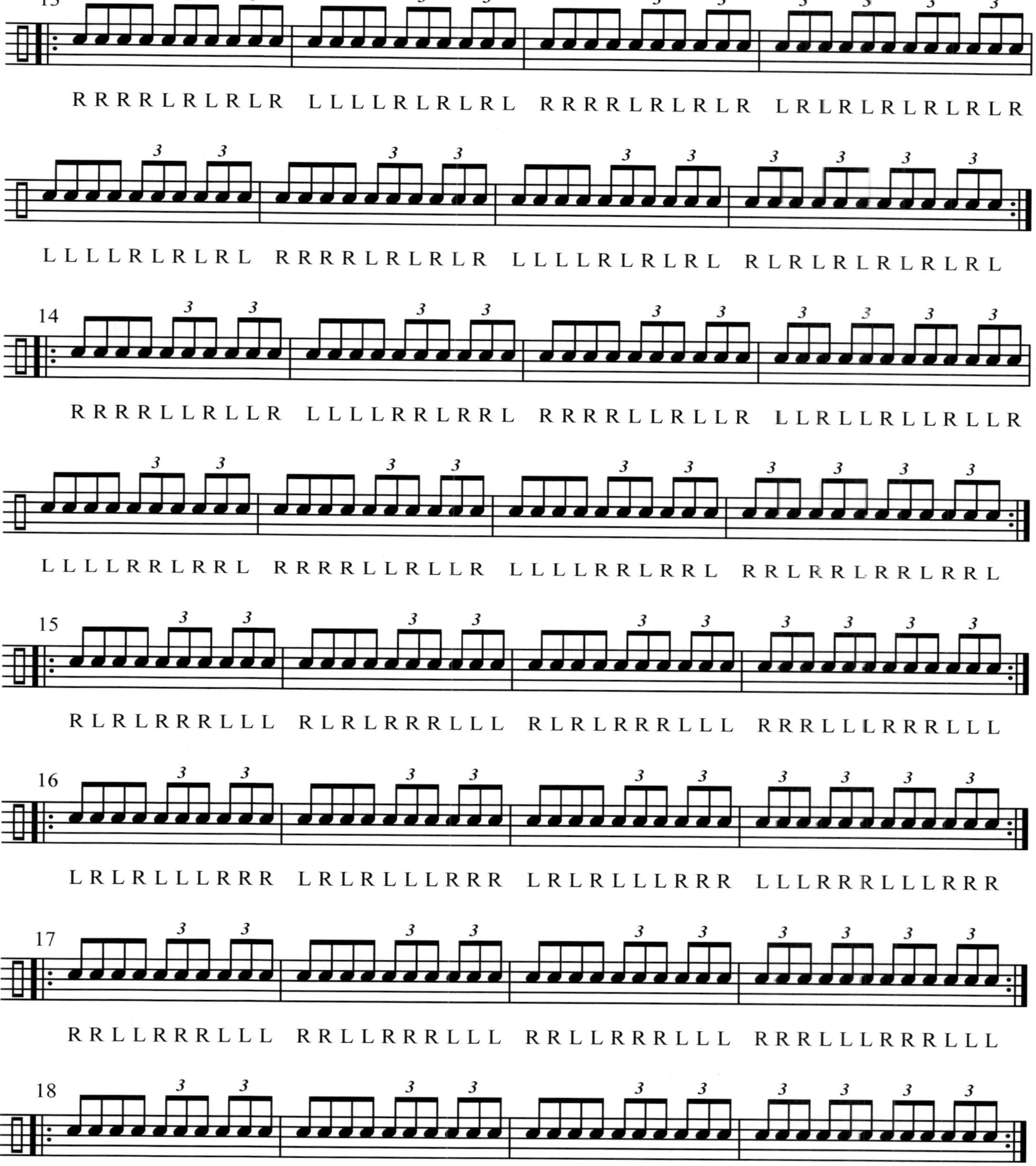
13
R R R R L R L R L R L L L L R L R L R L R R R R L R L R L R L R L R L R L R L R L R
L L L L R L R L R L R R R R L R L R L R L L L L R L R L R L R L R L R L R L R L R L
14
R R R R L L R L L R L L L L R R L R R L R R R R L L R L L R L L R L L R L L R L L R
L L L L R R L R R L R R R R L L R L L R L L L L R R L R R L R R L R R L R R L R R L
15
R L R L R R R L L L R L R L R R R L L L R L R L R R R L L L R R R L L L R R R L L L
16
L R L R L L L R R R L R L R L L L R R R L R L R L L L R R R L L L R R R L L L R R R
17
R R L L R R R L L L R R L L R R R L L L R R L L R R R L L L R R R L L L R R R L L L
18
L L R R L L L R R R L L R R L L L R R R L L R R L L L R R R L L L R R R L L L R R R

19
R L R R L L L R R R L R L L R R R L L L R L R R L L L R R R L L L R R R L L L R R R
L R L L R R R L L L R L R R L L L R R R L R L L R R R L L L R R R L L L R R R L L L
20
R L L R L L L R R R L R R L R R R L L L R L L R L L L R R R L L L R R R L L L R R R
L R R L R R R L L L R L L R L L L R R R L R R L R R R L L L R R R L L L R R R L L L
21
R R L R L L L R R R L L R L R R R L L L R R L R L L L R R R L L L R R R L L L R R R
L L R L R R R L L L R R L R L L L R R R L L R L R R R L L L R R R L L L R R R L L L
22
R L L L R R R L L L R L L L R R R L L L R L L L R R R L L L R R R L L L R R R L L L
23
L R R R L L L R R R L R R R L L L R R R L R R R L L L R R R L L L R R R L L L R R R

24
R R R L R R R L L L R R R L R R R L L L R R R L R R R L L L R R R L L L R R R L L L
25
L L L R L L L R R R L L L R L L L R R R L L L R L L L R R R L L L R R R L L L R R R
26
R R R R L L L R R R L L L L R R R L L L R R R R L L L R R R L L L R R R L L L R R R
L L L L R R R L L L R R R R L L L R R R L L L L R R R L L L R R R L L L R R R L L L

## Part 4
## Combinations in 3/4 Time

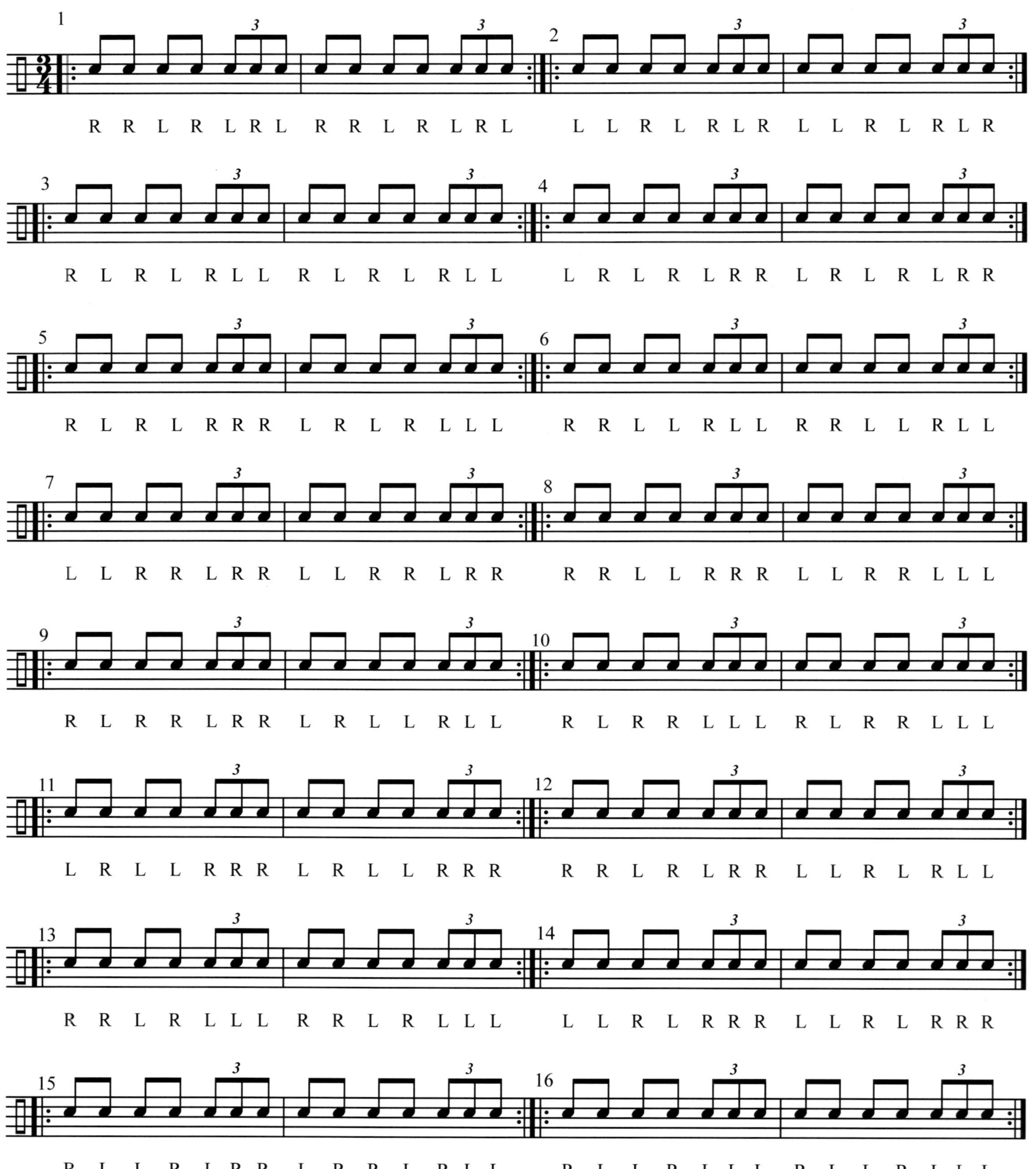

17
L R R L R R R L R R L R R R
18
R L L L R L L R L L L R L L
19
L R R R L R R L R R R L R R
20
R L L L R R R L R R R L L L
21
R R R L R L L R R R L R L L
22
L L L R L R R L L L R L R R
23
R R R L R R R L L L R L L L
24
R R R R L R R L L L L R L L
25
R R R R L L L R R R R L L L
26
L L L L R R R L L L L R R R
27
R R L R L L R L L R L R R L
28
R L L L R R L R L L L R R L
29
L R R R L L R L R R R L L R
30
R R R L R R L R R R L R R L
31
L L L R L L R L L L R L L R
32
R R L R L R L R L L R L R L R L
3

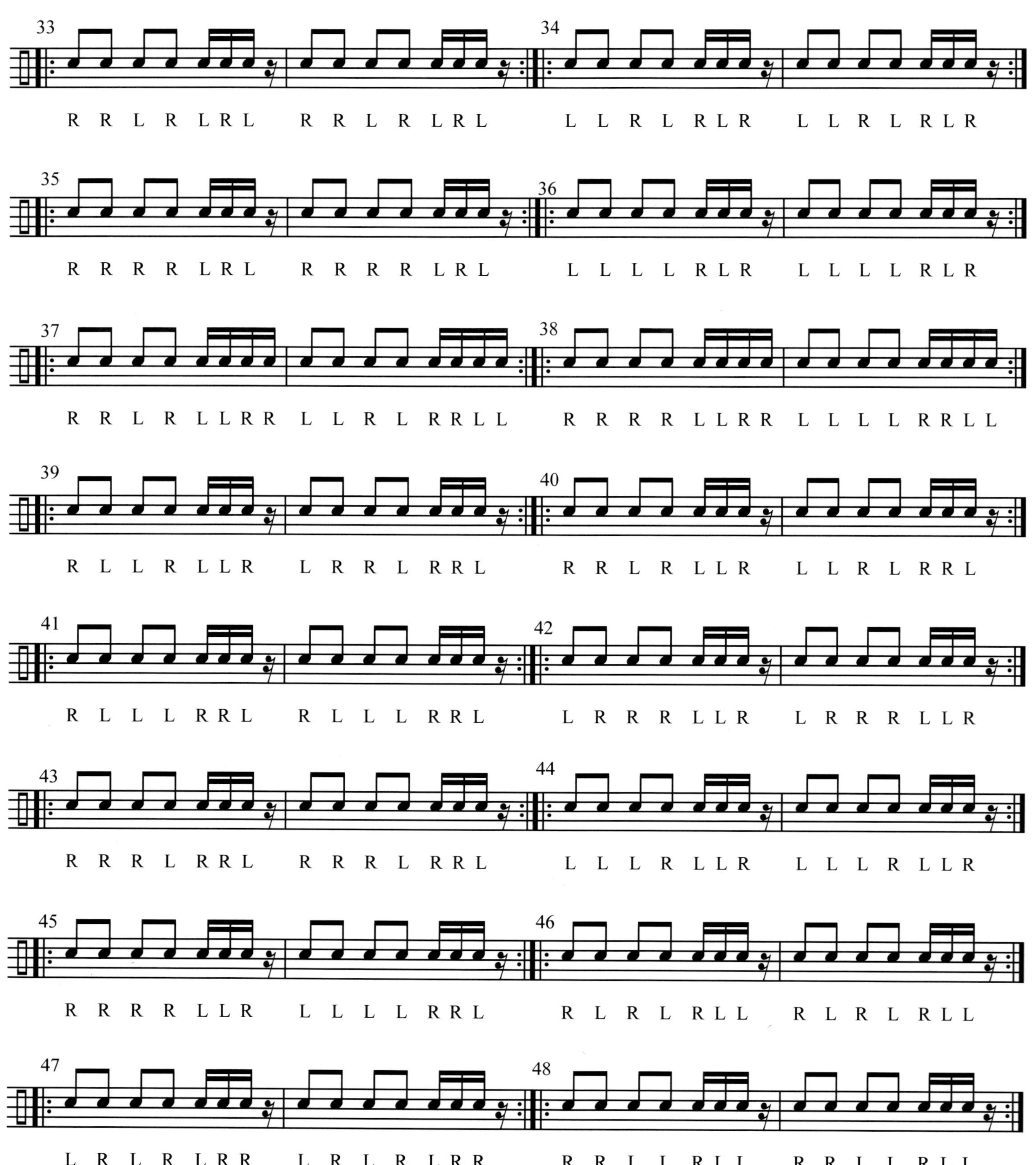
33
R R L R L R L R R L R L R L
34
L L R L R L R L L R L R L R
35
R R R R L R L R R R R L R L
36
L L L L R L R L L L L R L R
37
R R L R L L R R L L R L R R L L
38
R R R R L L R R L L L L R R L L
39
R L L R L L R L R R L R R L
40
R R L R L L R L L R L R R L
41
R L L L R R L R L L L R R L
42
L R R R L L R L R R R L L R
43
R R R L R R L R R R L R R L
44
L L L R L L R L L L R L L R
45
R R R R L L R L L L L R R L
46
R L R L R L L R L R L R L L
47
L R L R L R R L R L R L R R
48
R R L L R L L R R L L R L L

49
L L R R L R R L L R R L R R
50
R L R R L R R L R L L R L L
51
R L L R L R R L R R L R L L
52
R R L R L R R L L R L R L L
53
R L L L R L L R L L L R L L
54
L R R R L R R L R R R L R R
55
R R R L R L L R R R L R L L
56
L L L R L R R L L L R L R R
57
R R R R L R R L L L L R L L
58
R L R L L R L R L L R L R L L R L R L L
59
L R L R R L R L R R L R L R R L R L R R
60
R L R R R L R L L L R L R R R L R L L L
61
R R L R R L L R L L R R L R R L L R L L
62
R R L L L R R L L L R R L L L R R L L L
63
L L R R R L L R R R L L R R R L L R R R

R L R L L  R L R L L  R L R L L  R L R L L  L R L R R  L R L R R  L R L R R  L R L R R

R R L R R  L L R L L  R R L R R  L L R L L

# Part 5
# Flams and Triplets

17
l R L l R L l R L l R L
18
r L L r L L r L L r L L
19
r L R r L R r L R r L R
20
l R L R r L R L l R L R r L R L l R R R l R R R l R R R l R R R
21
l R L R r L R L l R L R r L R L l R R l R R l R R l R R
22
l R L R r L R L l R L R r L R L l R R l R R l R R l R R
23
l R L R r L R L l R L R r L R L l R R r L L l R R r L L
24
l R L R r L R L l R L R r L R L l R L l R L l R L l R L
25
l R L R r L R L l R L R r L R L l R R l R R l R R l R R

26
l R L R r L R L l R L R r L R L l R R r L L l R R r L L
27
l R L R r L R L l R L R r L R L l R L l R L l R L l R L
28
l R L R r L R L l R L R r L R L l R R l R R l R R l R R
29
l R L R r L R L l R L R r L R L l R R r L L l R R r L L
30
l R L R r L R L l R L R r L R L l R L l R L l R L l R L
31
l R L R r L R L l R L R r L R L l R R l R R l R R l R R
32
l R R L l R R L l R R L r R R L l R R R l R R R l R R R l R R R
33
l R R L l R R L l R R L r R R L l R R l R R l R R l R R

34
lR R L lR R L lR R L rR R L lR R lR R lR R lR R
35
lR R L lR R L lR R L rR R L lR R rL L lR R rL L
36
lR R L lR R L lR R L rR R L lR L lR L lR L lR L
37
lR R L lR R L lR R L rR R L lR R lR R lR R lR R
38
lR R L lR R L lR R L rR R L lR R rL L lR R rL L
39
lR R L lR R L lR R L rR R L lR L lR L lR L lR L
40
lR R L lR R L lR R L rR R L lR R lR R lR R lR R
41
lR R L lR R L lR R L rR R L lR R rL L lR R lL L

42
l l R L l R R L l R R L r R R L l R L l R L l R L l R L
43
l R R L l R R L l R R L r R R L l R R l R R l R R l R R
44
l R L L l R L L l R L L l R L L l R R R l R R R l R R R l R R R
45
l R L L l R L L l R L L l R L L l R R l R R l R R l R R
46
l R L L l R L L l R L L l R L L l R R l R R l R R l R R
47
l R L L l R L L l R L L l R L L l R R r L L l R R r L L
48
l R L L l R L L l R L L l R L L l R L l R L l R L l R L
49
l R L L l R L L l R L L l R L L l R R l R R l R R l R R

50
l R L L l R L L l R L L l R L L l R R r L L l R R r L L
51
l R L L l R L L l R L L l R L L l R L l R L l R L l R L
52
l R L L l R L L l R L L l R L L l R R l R R l R R l R R
53
l R L L l R L L l R L L l R L L l R R r L L l R R l L L
54
l R L L l R L L l R L L l R L L l R L l R L l R L l R L
55
l R L L l R L L l R L L l R L L l R R l R R l R R l R R
56
l R R R r L L L l R R R r L L L l R R R l R R R l R R R l R R R
57
l R R R r L L L l R R R r L L L l R R l R R l R R l R R

58
3 3 3 3
l R R R r L L L l R R R r L L L l R R l R R l R R l R R
59
3 3 3 3 3 3 3 3
l R R R r L L L l R R R r L L L l R R r L L l R R r L L
60
3 3 3 3 3 3 3 3
l R R R r L L L l R R R r L L L l R L l R L l R L l R L
61
3 3 3 3 3 3 3 3
l R R R r L L L l R R R r L L L l R R l R R l R R l R R
62
3 3 3 3 3 3 3 3
l R R R r L L L l R R R r L L L l R R r L L l R R r L L
63
3 3 3 3 3 3 3 3
l R R R r L L L l R R R r L L L l R L l R L l R L l R L
64
3 3 3 3 3 3 3 3
l R R R r L L L l R R R r L L L l R R l R R l R R l R R
65
3 3 3 3 3 3 3 3
l R R R r L L L l R R R r L L L l R R r L L l R R l L L

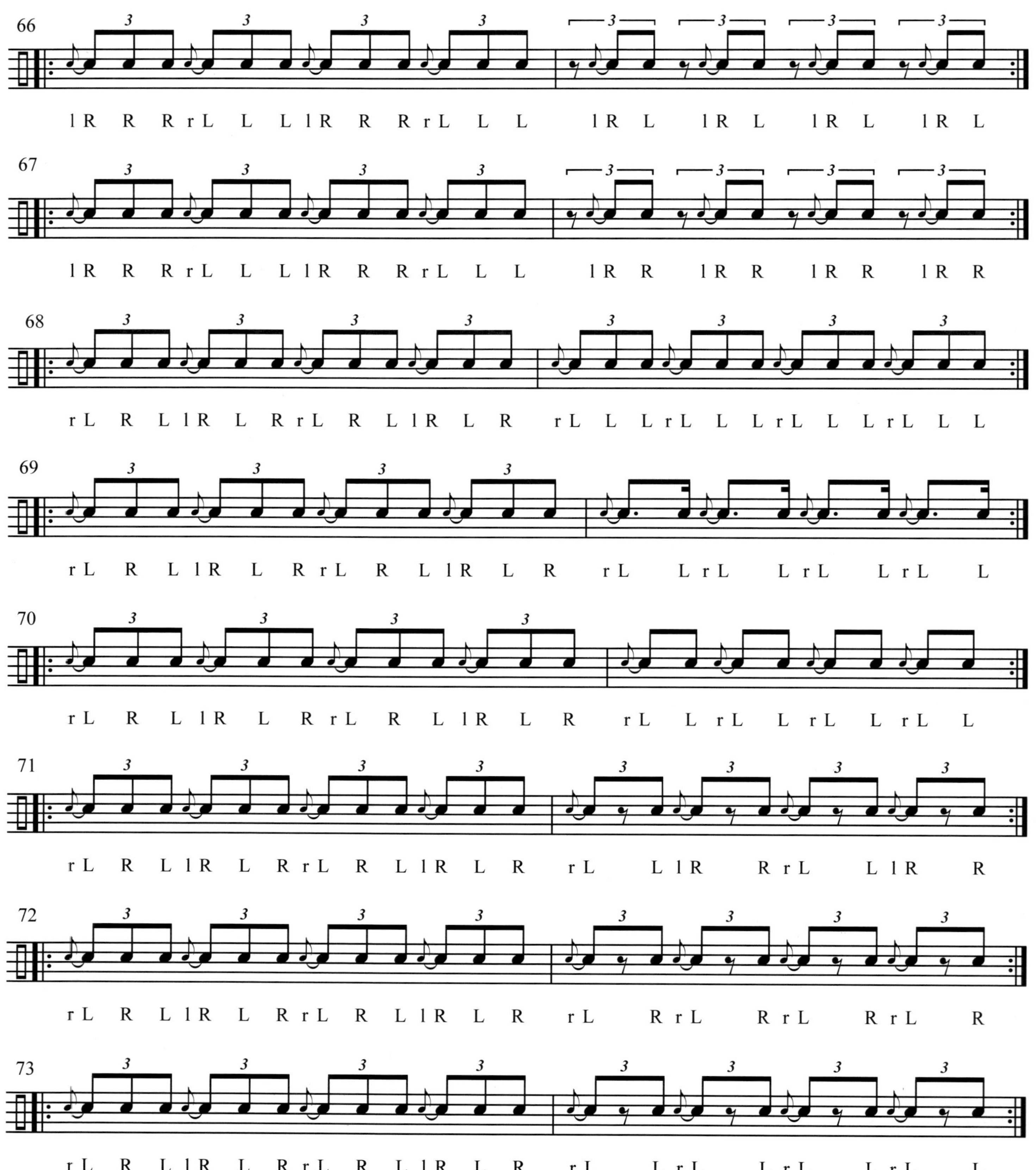
66
l R R R r L L L l R R R r L L L l R L l R L l R L l R L
67
l R R R r L L L l R R R r L L L l R R l R R l R R l R R
68
r L R L l R L R r L R L l R L R r L L L r L L L r L L L r L L L
69
r L R L l R L R r L R L l R L R r L L r L L r L L r L L
70
r L R L l R L R r L R L l R L R r L L r L L r L L r L L
71
r L R L l R L R r L R L l R L R r L L l R R r L L l R R
72
r L R L l R L R r L R L l R L R r L R r L R r L R r L R
73
r L R L l R L R r L R L l R L R r L L r L L r L L r L L

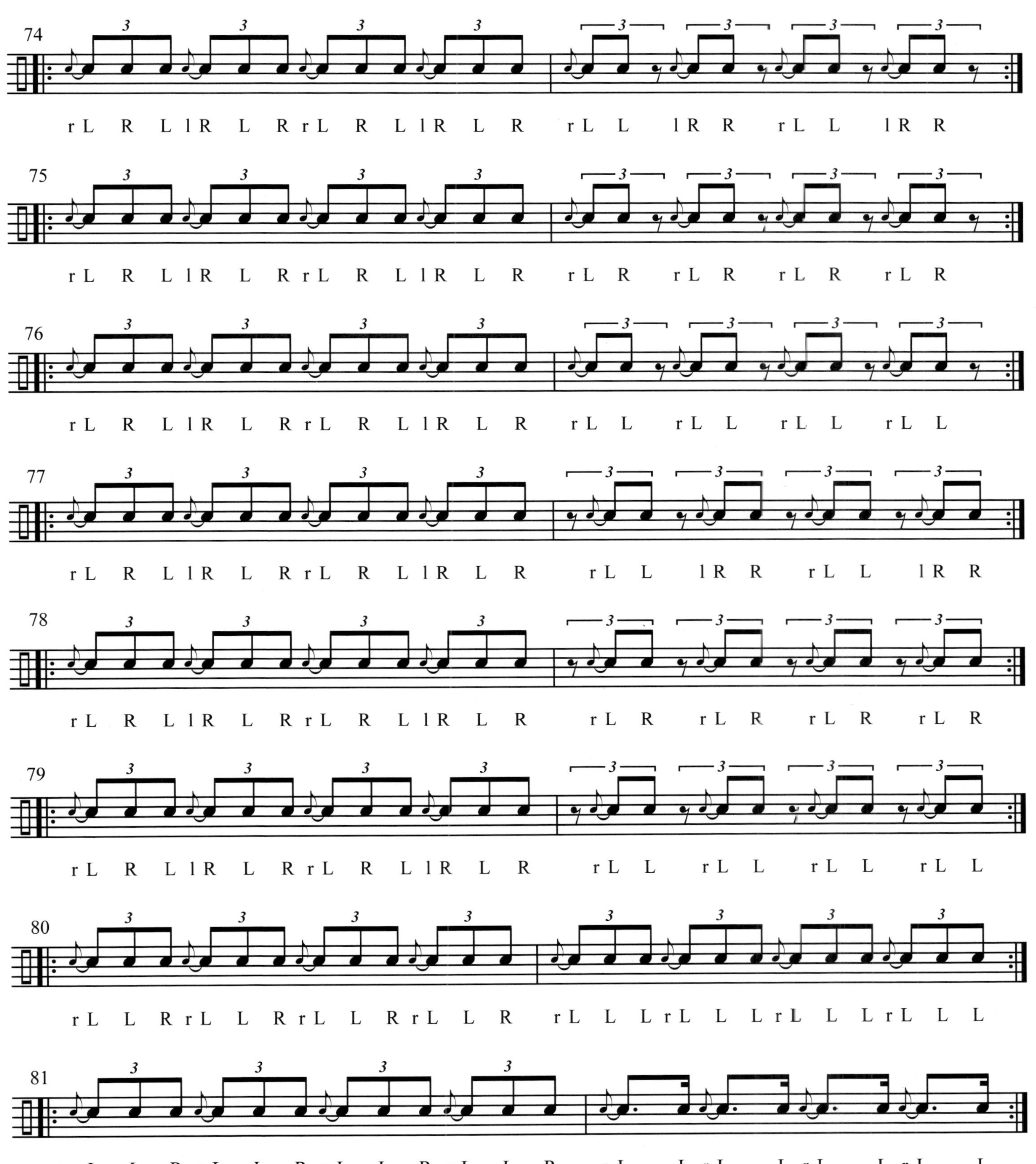
74
r L R L l R L R r L R L l R L R r L L l R R r L L l R R
75
r L R L l R L R r L R L l R L R r L R r L R r L R r L R
76
r L R L l R L R r L R L l R L R r L L r L L r L L r L L
77
r L R L l R L R r L R L l R L R r L L l R R r L L l R R
78
r L R L l R L R r L R L l R L R r L R r L R r L R r L R
79
r L R L l R L R r L R L l R L R r L L r L L r L L r L L
80
r L L R r L L R r L L R r L L R r L L L r L L L r L L L r L L L
81
r L L R r L L R r L L R r L L R r L L r L L r L L r L L

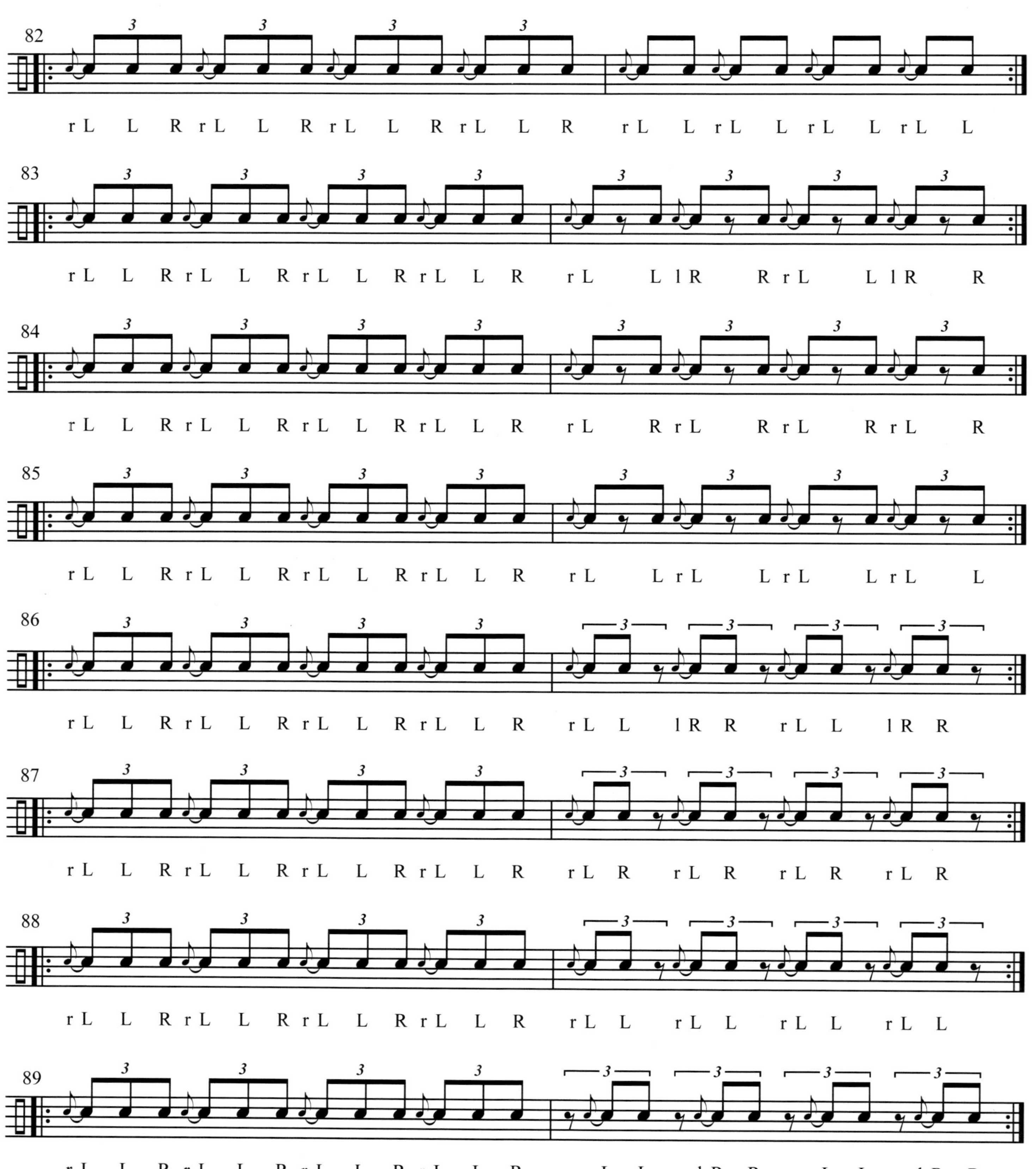
82
rL L R rL L R rL L R rL L R rL L rL L rL L rL L
83
rL L R rL L R rL L R rL L R rL L lR R rL L lR R
84
rL L R rL L R rL L R rL L R rL R rL R rL R rL R
85
rL L R rL L R rL L R rL L R rL L rL L rL L rL L
86
rL L R rL L R rL L R rL L R rL L lR R rL L lR R
87
rL L R rL L R rL L R rL L R rL R rL R rL R rL R
88
rL L R rL L R rL L R rL L R rL L rL L rL L rL L
89
rL L R rL L R rL L R rL L R rL L lR R rL L lR R

90
rL L R rL L R rL L R rL L R rL R rL R rL R rL R
91
rL L R rL L R rL L R rL L R rL L rL L rL L rL L
92
rL R R rL R R rL R R rL R R rL L L rL L L rL L L rL L L
93
rL R R rL R R rL R R rL R R rL L rL L rL L rL L
94
rL R R rL R R rL R R rL R R rL L rL L rL L rL L
95
rL R R rL R R rL R R rL R R rL L lR R rL L lR R
96
rL R R rL R R rL R R rL R R rL R rL R rL R rL R
97
rL R R rL R R rL R R rL R R rL L rL L rL L rL L

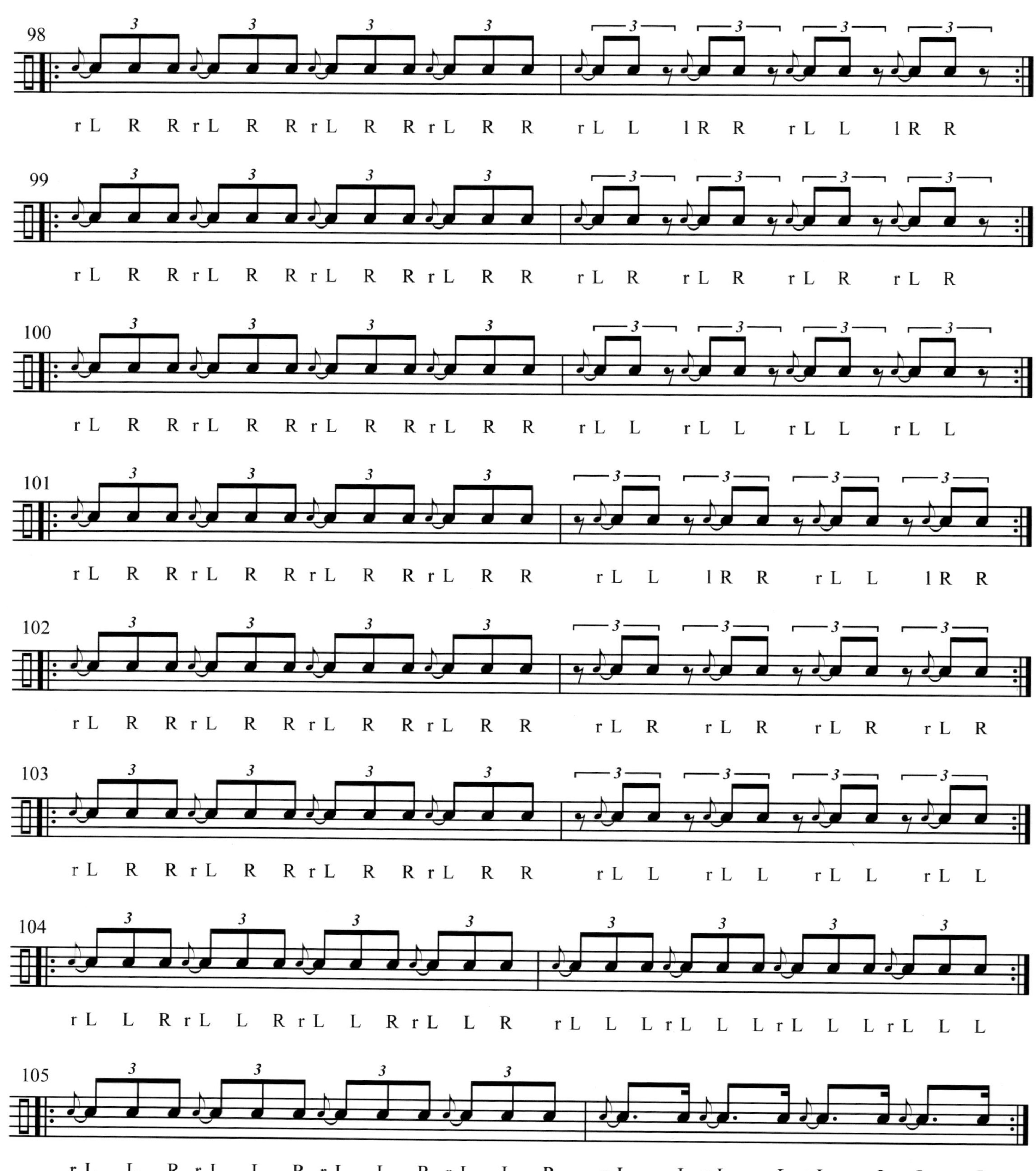
98
r L R R r L R R r L R R r L R R r L L l R R r L L l R R
99
r L R R r L R R r L R R r L R R r L R r L R r L R r L R
100
r L R R r L R R r L R R r L R R r L L r L L r L L r L L
101
r L R R r L R R r L R R r L R R r L L l R R r L L l R R
102
r L R R r L R R r L R R r L R R r L R r L R r L R r L R
103
r L R R r L R R r L R R r L R R r L L r L L r L L r L L
104
r L L R r L L R r L L R r L L R r L L L r L L L r L L L r L L L
105
r L L R r L L R r L L R r L L R r L L r L L r L L r L L

106
3 3 3 3
rL L R rL L R rL L R rL L R rL L rL L rL L rL L
107
3 3 3 3 3 3 3 3
rL L R rL L R rL L R rL L R rL L l R R rL L l R R
108
3 3 3 3 3 3 3 3
rL L R rL L R rL L R rL L R rL R rL R rL R rL R
109
3 3 3 3 3 3 3 3
rL L R rL L R rL L R rL L R rL L rL L rL L rL L
110
3 3 3 3 3 3 3 3
rL L R rL L R rL L R rL L R rL L l R R rL L l R R
111
3 3 3 3 3 3 3 3
rL L R rL L R rL L R rL L R rL R rL R rL R rL R
112
3 3 3 3 3 3 3 3
rL L R rL L R rL L R rL L R rL L rL L rL L rL L
113
3 3 3 3 3 3 3 3
rL L R rL L R rL L R rL L R rL L l R R rL L l R R

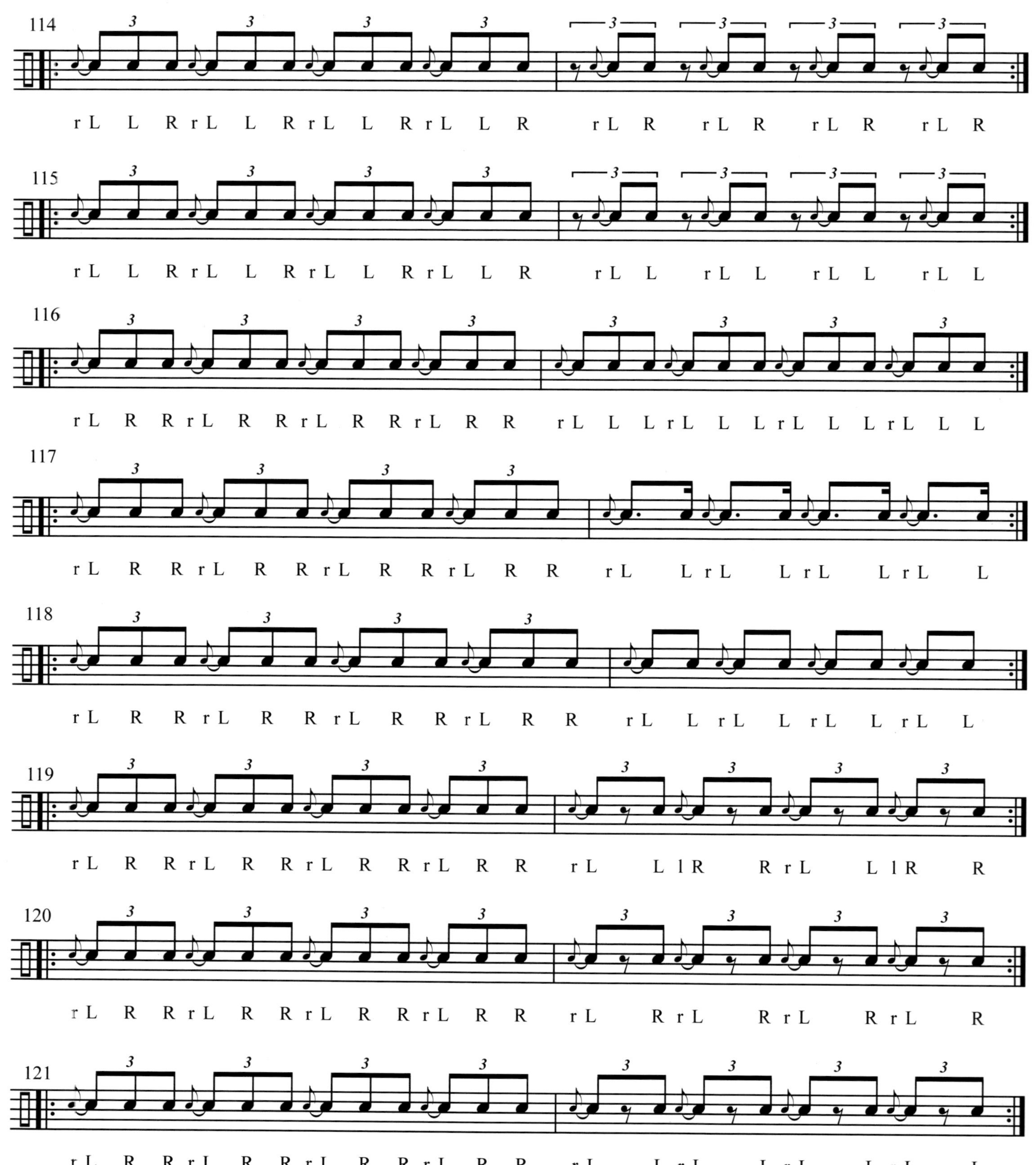
114
3 3 3 3 3 3 3 3
r L L R r L L R r L L R r L L R r L R r L R r L R r L R
115
3 3 3 3 3 3 3 3
r L L R r L L R r L L R r L L R r L L r L L r L L r L L
116
3 3 3 3 3 3 3 3
r L R R r L R R r L R R r L R R r L L L r L L L r L L L r L L L
117
3 3 3 3
r L R R r L R R r L R R r L R R r L L r L L r L L r L L
118
3 3 3 3
r L R R r L R R r L R R r L R R r L L r L L r L L r L L
119
3 3 3 3 3 3 3 3
r L R R r L R R r L R R r L R R r L L l R R r L L l R R
120
3 3 3 3 3 3 3 3
r L R R r L R R r L R R r L R R r L R r L R r L R r L R
121
3 3 3 3 3 3 3 3
r L R R r L R R r L R R r L R R r L L r L L r L L r L L

122
r L R R r L R R r L R R r L R R r L L l R R r L L l R R
123
r L R R r L R R r L R R r L R R r L R r L R r L R r L R
124
r L R R r L R R r L R R r L R R r L L r L L r L L r L L
125
r L R R r L R R r L R R r L R R r L L l R R r L L l R R
126
r L R R r L R R r L R R r L R R r L R r L R r L R r L R
127
r L R R r L R R r L R R r L R R r L L r L L r L L r L L
128
r L L L l R R R r L L L l R R R r L L L r L L L r L L L r L L L
129
r L L L l R R R r L L L l R R R r L L r L L r L L r L L

# Part 5
## Flams and Triplets continued

138
3 3 3 3 3 3 3 3
r L L L l R R R r L L L l R R R r L R r L R r L R r L R
139
3 3 3 3 3 3 3 3
r L L L l R R R r L L L l R R R r L L r L L r L L r L L

## Part 6
## Closed Rolls

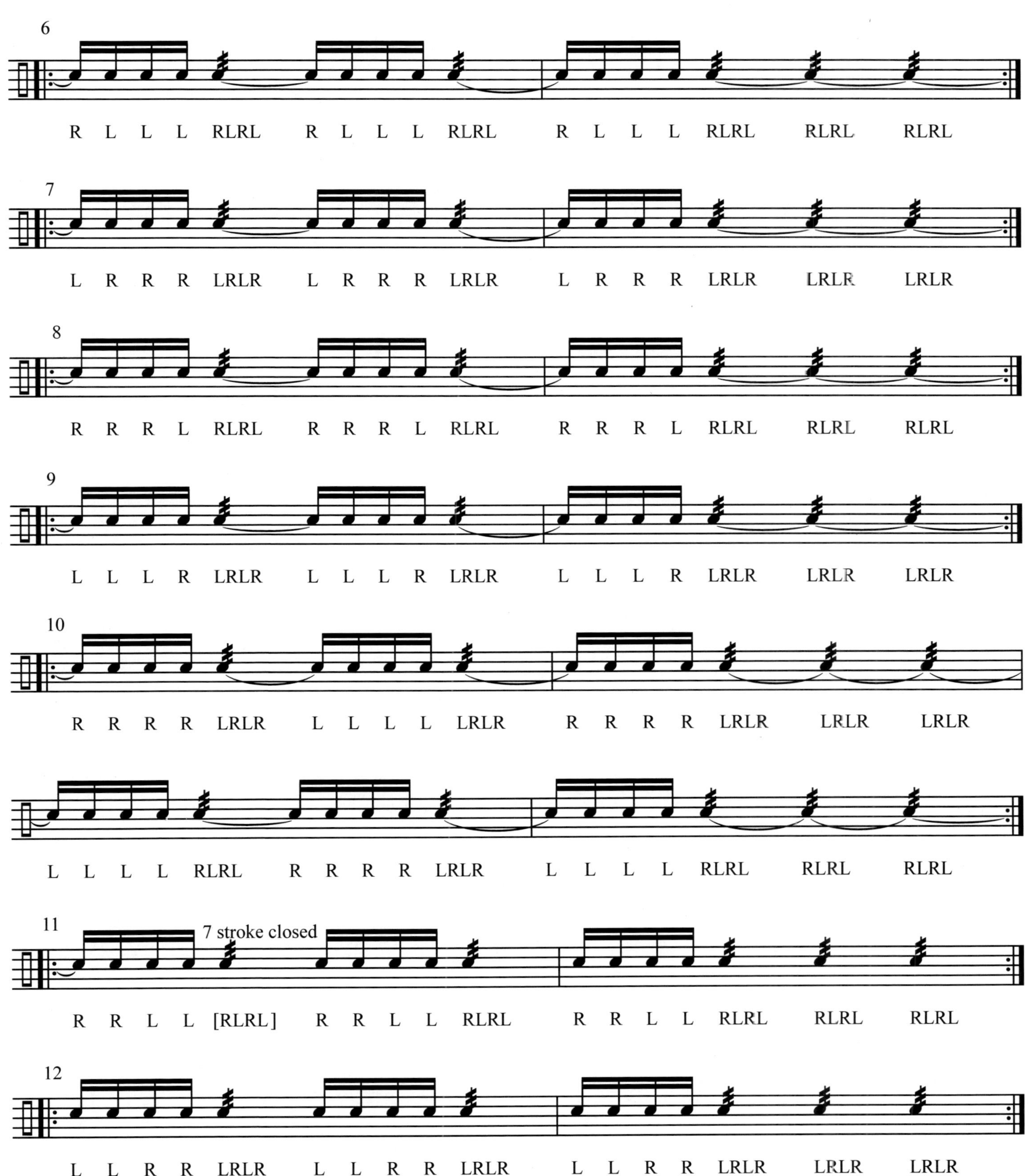
6
R L L L RLRL R L L L RLRL R L L L RLRL RLRL RLRL
7
L R R R LRLR L R R R LRLR L R R R LRLR LRLR LRLR
8
R R R L RLRL R R R L RLRL R R R L RLRL RLRL RLRL
9
L L L R LRLR L L L R LRLR L L L R LRLR LRLR LRLR
10
R R R R LRLR L L L L LRLR R R R R LRLR LRLR LRLR
L L L L RLRL R R R R LRLR L L L L RLRL RLRL RLRL
11
7 stroke closed
R R L L [RLRL] R R L L RLRL R R L L RLRL RLRL RLRL
12
L L R R LRLR L L R R LRLR L L R R LRLR LRLR LRLR

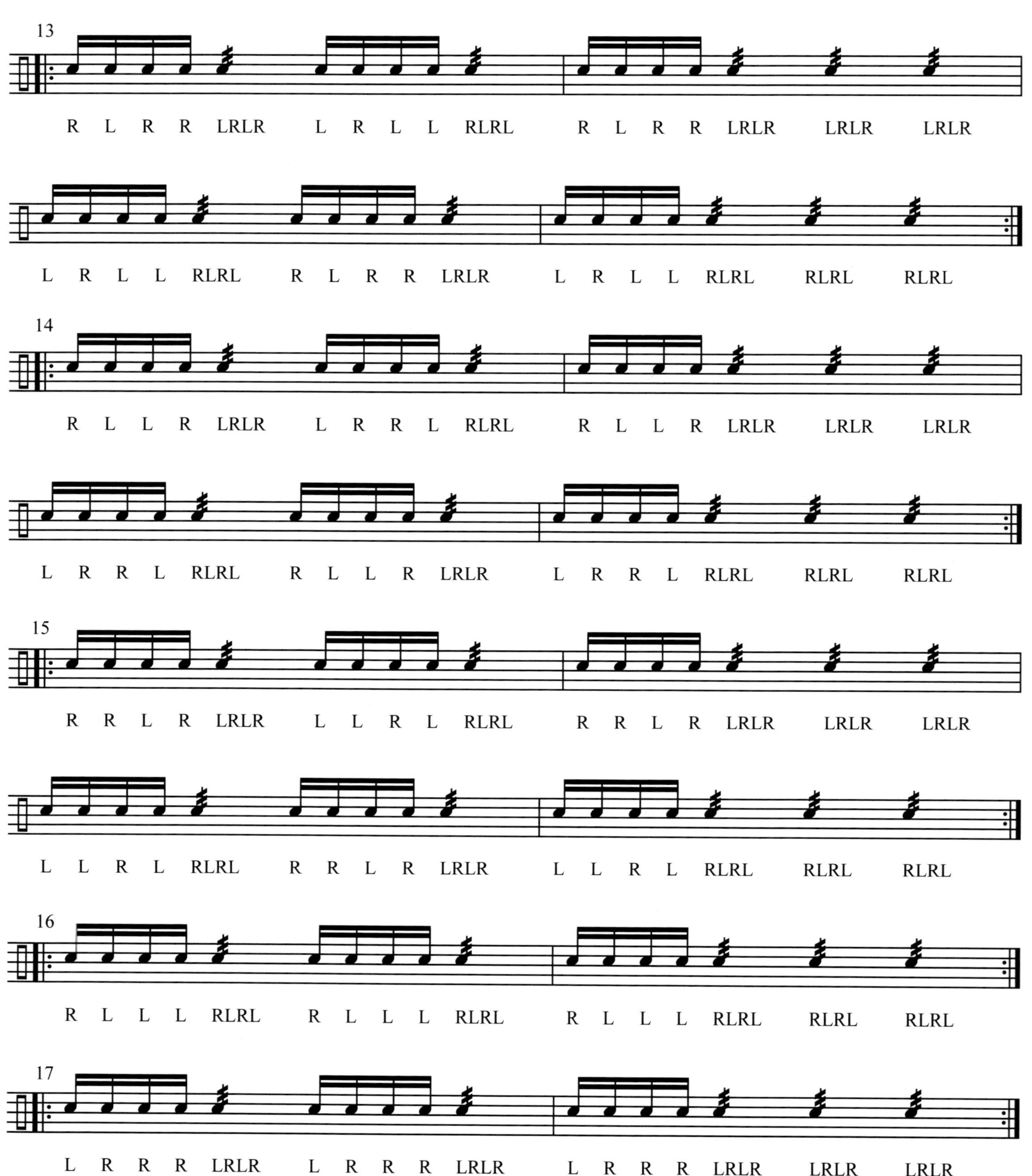
13
R L R R LRLR L R L L RLRL R L R R LRLR LRLR LRLR
L R L L RLRL R L R R LRLR L R L L RLRL RLRL RLRL
14
R L L R LRLR L R R L RLRL R L L R LRLR LRLR LRLR
L R R L RLRL R L L R LRLR L R R L RLRL RLRL RLRL
15
R R L R LRLR L L R L RLRL R R L R LRLR LRLR LRLR
L L R L RLRL R R L R LRLR L L R L RLRL RLRL RLRL
16
R L L L RLRL R L L L RLRL R L L L RLRL RLRL RLRL
17
L R R R LRLR L R R R LRLR L R R R LRLR LRLR LRLR

18
R R R L RLRL R R R L RLRL R R R L RLRL RLRL RLRL
19
L L L R LRLR L L L R LRLR L L L R LRLR LRLR LRLR
20
R R R R LRLR L L L L RLRL R R R R LRLR LRLR LRLR
L L L L RLRL R R R R LRLR L L L L RLRL RLRL RLRL
21
6
R R L R LRLR L L R L R L R L R L
22
6
L L R L RLRL R R L R L R L R L R
23
6
R L L L RLRL R L L L R L R L R L
24
6
L R R R LRLR L R R R L R L R L R
25
6
R R R L RLRL R R R L R L R L R L
26
6
L L L R LRLR L L L R L R L R L R
27
6
R R R R LRLR L L L L R L R L R L
28
6
L L L L RLRL R R R R L R L R L R

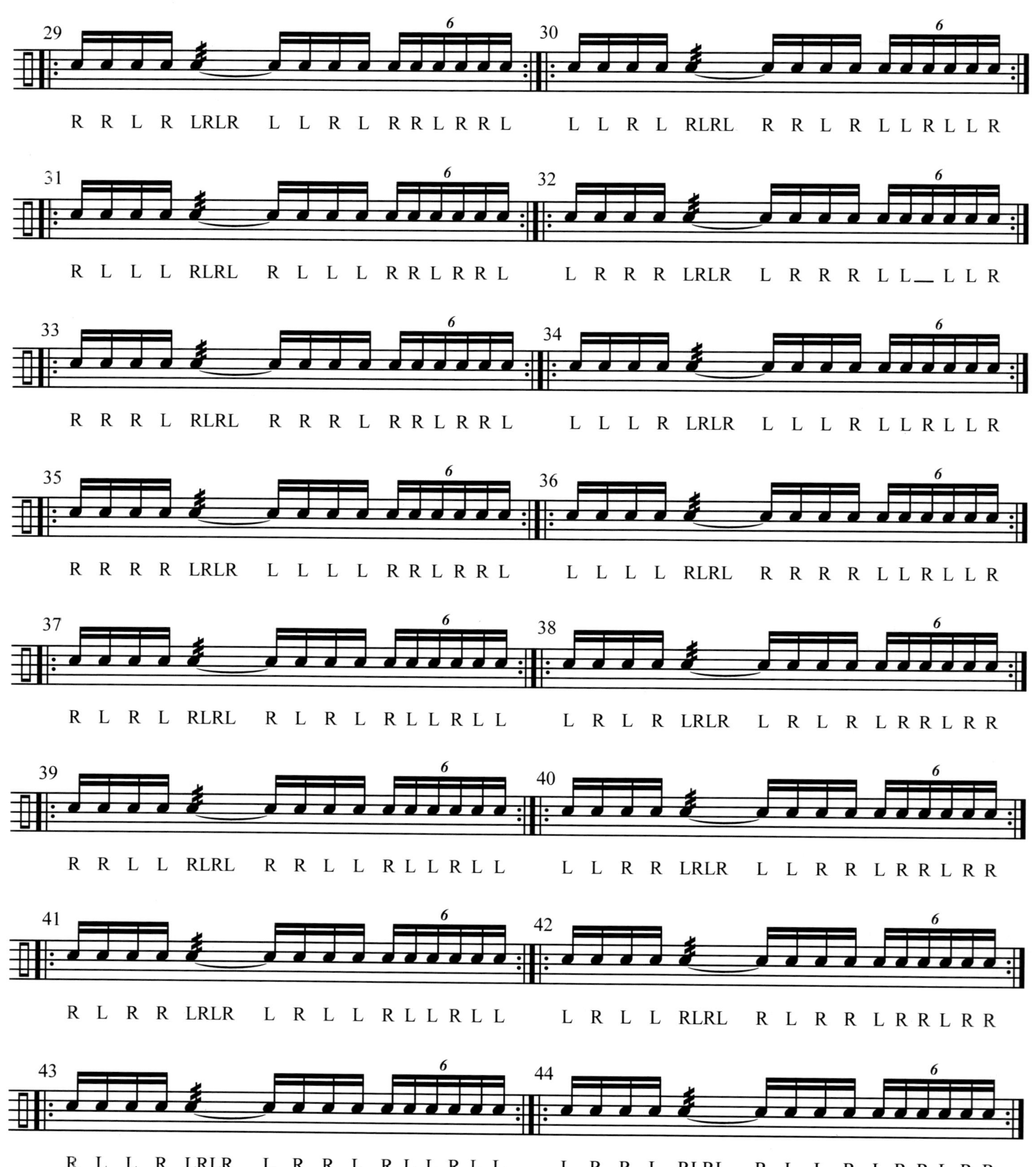
29
R R L R LRLR L L R L R R L R R L
30
L L R L RLRL R R L R L L R L L R
31
R L L L RLRL R L L L R R L R R L
32
L R R R LRLR L R R R L L_ L L R
33
R R R L RLRL R R R L R R L R R L
34
L L L R LRLR L L L R L L R L L R
35
R R R R LRLR L L L L R R L R R L
36
L L L L RLRL R R R R L L R L L R
37
R L R L RLRL R L R L R L L R L L
38
L R L R LRLR L R L R L R R L R R
39
R R L L RLRL R R L L R L L R L L
40
L L R R LRLR L L R R L R R L R R
41
R L R R LRLR L R L L R L L R L L
42
L R L L RLRL R L R R L R R L R R
43
R L L R LRLR L R R L R L L R L L
44
L R R L RLRL R L L R L R R L R R

45
6
46
6
R R L R LRLR L L R L R L L R L L
L L R L RLRL R R L R L R R L R R
47
6
48
6
R L L L RLRL R L L L R L L R L L
L R R R LRLR L R R R L R R L R R
49
6
50
6
R R R L RLRL R R R L R L L R L L
L L L R LRLR L L L R L R R L R R
51
6
52
6
R R R R LRLR L L L L R L L R L L
L L L L RLRL R R R R L R R L R R
53
6
54
6
R L R L RLRL R L R L R R R L L L
L R L R LRLR L R L R L L L R R R
55
6
56
6
R R L L RLRL R R L L R R R L L L
L L R R LRLR L L R R L L L R R R
57
6
58
6
R L R R LRLR L R L L R R R L L L
L R L L RLRL R L R R L L L R R R
59
6
60
6
R L L R LRLR L R R L R R R L L L
L R R L RLRL R L L R L L L R R R

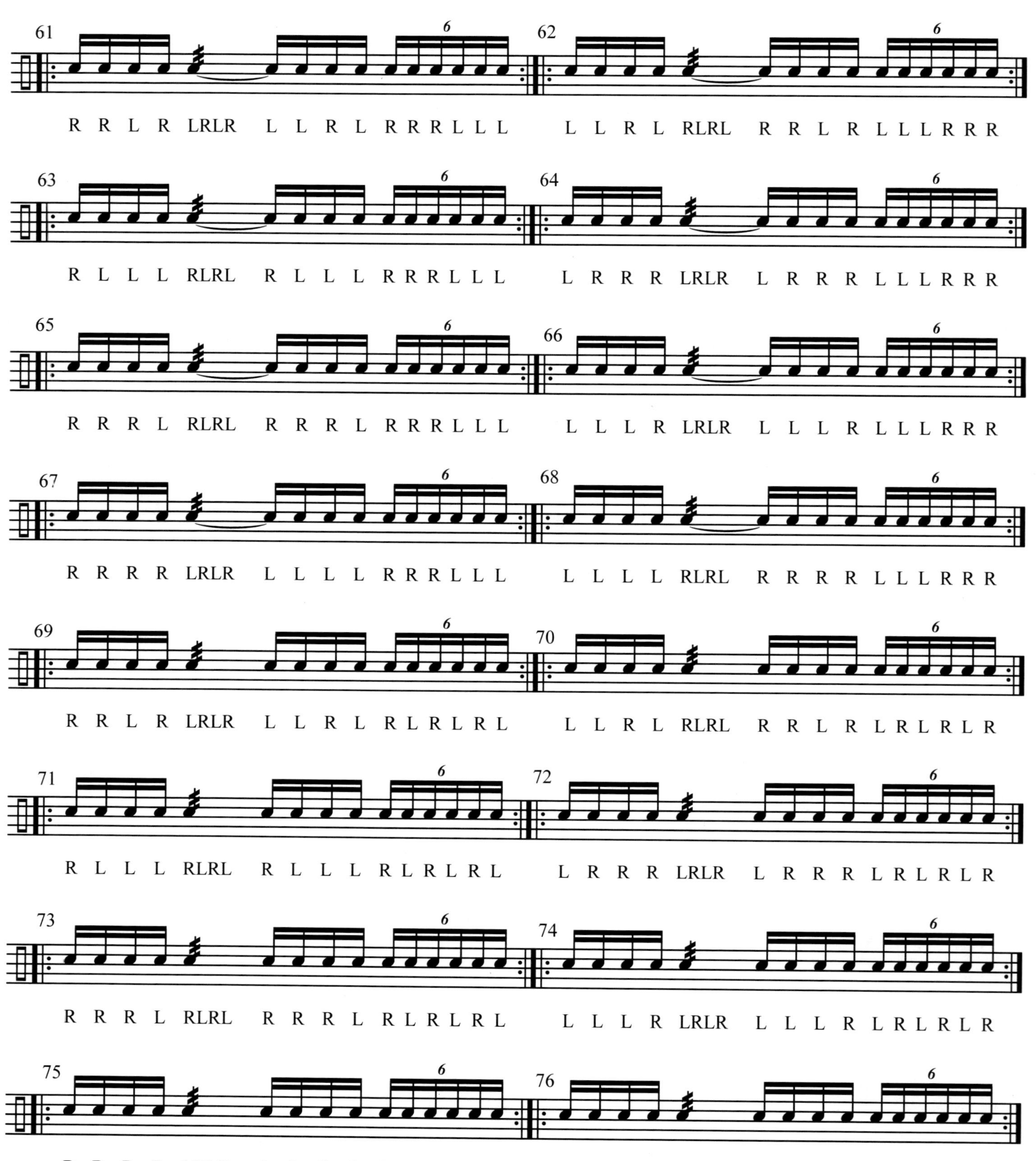
61
6
R R L R LRLR L L R L R R R L L L
62
6
L L R L RLRL R R L R L L L R R R
63
6
R L L L RLRL R L L L R R R L L L
64
6
L R R R LRLR L R R R L L L R R R
65
6
R R R L RLRL R R R L R R R L L L
66
6
L L L R LRLR L L L R L L L R R R
67
6
R R R R LRLR L L L L R R R L L L
68
6
L L L L RLRL R R R R L L L R R R
69
6
R R L R LRLR L L R L R L R L R L
70
6
L L R L RLRL R R L R L R L R L R
71
6
R L L L RLRL R L L L R L R L R L
72
6
L R R R LRLR L R R R L R L R L R
73
6
R R R L RLRL R R R L R L R L R L
74
6
L L L R LRLR L L L R L R L R L R
75
6
R R R R LRLR L L L L R L R L R L
76
6
L L L L RLRL R R R R L R L R L R

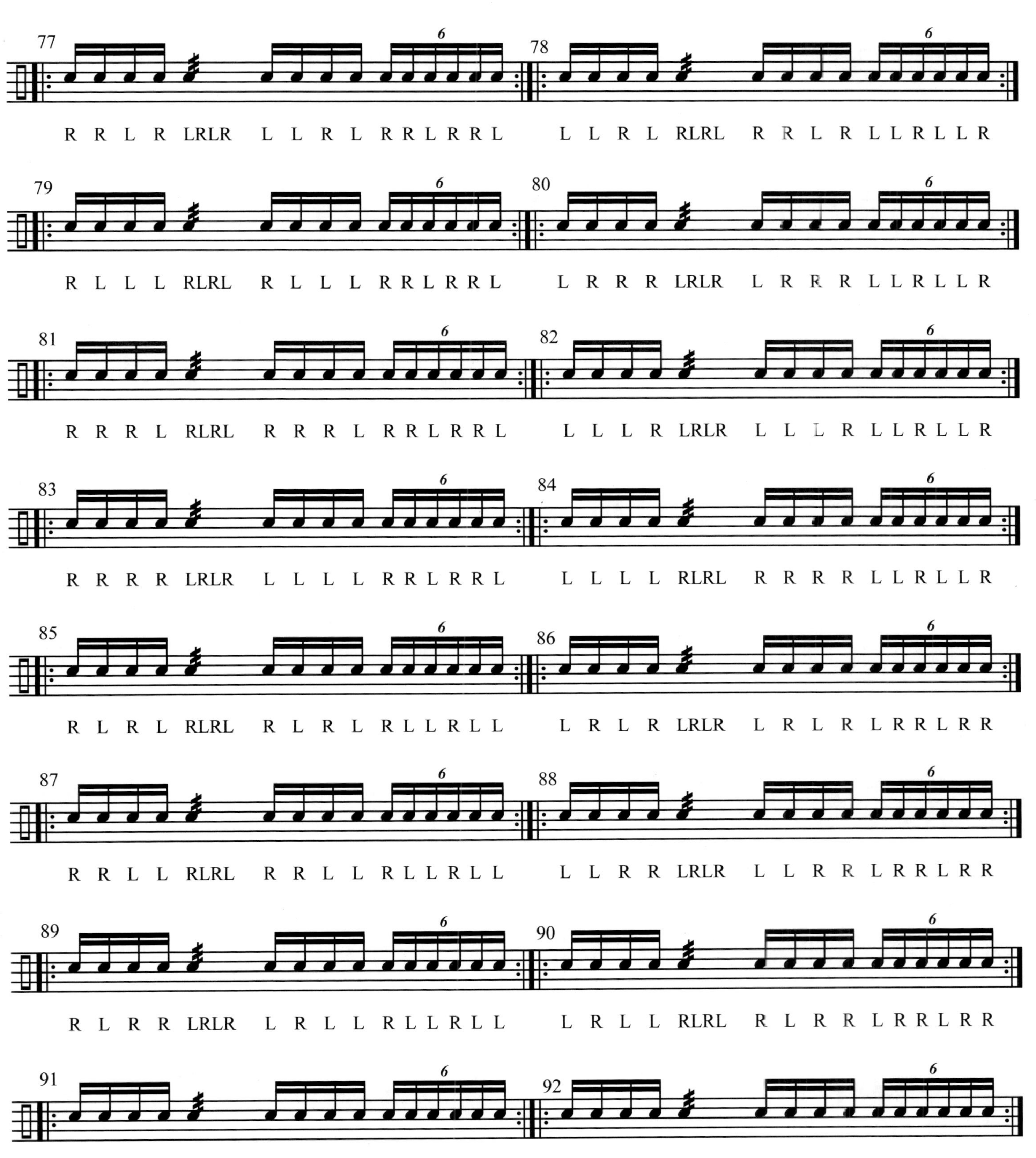
77
6
R R L R LRLR L L R L R R L R R L
78
6
L L R L RLRL R R L R L L R L L R
79
6
R L L L RLRL R L L L R R L R R L
80
6
L R R R LRLR L R R R L L R L L R
81
6
R R R L RLRL R R R L R R L R R L
82
6
L L L R LRLR L L L R L L R L L R
83
6
R R R R LRLR L L L L R R L R R L
84
6
L L L L RLRL R R R R L L R L L R
85
6
R L R L RLRL R L R L R L L R L L
86
6
L R L R LRLR L R L R L R R L R R
87
6
R R L L RLRL R R L L R L L R L L
88
6
L L R R LRLR L L R R L R R L R R
89
6
R L R R LRLR L R L L R L L R L L
90
6
L R L L RLRL R L R R L R R L R R
91
6
R L L R LRLR L R R L R L L R L L
92
6
L R R L RLRL R L L R L R R L R R

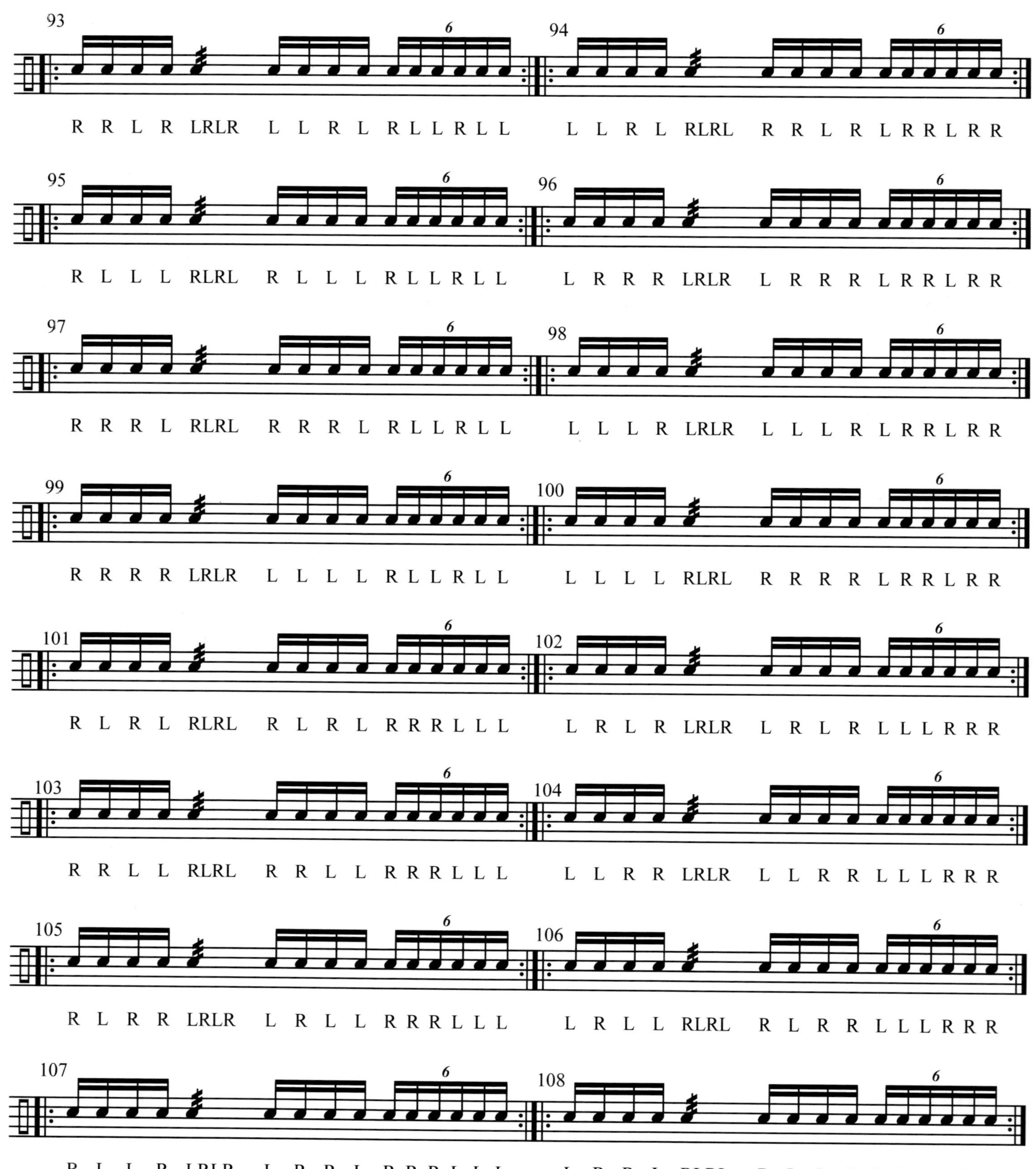
93
R R L R LRLR L L R L R L L R L L
94
L L R L RLRL R R L R L R R L R R
95
R L L L RLRL R L L L R L L R L L
96
L R R R LRLR L R R R L R R L R R
97
R R R L RLRL R R R L R L L R L L
98
L L L R LRLR L L L R L R R L R R
99
R R R R LRLR L L L L R L L R L L
100
L L L L RLRL R R R R L R R L R R
101
R L R L RLRL R L R L R R R L L L
102
L R L R LRLR L R L R L L L R R R
103
R R L L RLRL R R L L R R R L L L
104
L L R R LRLR L L R R L L L R R R
105
R L R R LRLR L R L L R R R L L L
106
L R L L RLRL R L R R L L L R R R
107
R L L R LRLR L R R L R R R L L L
108
L R R L RLRL R L L R L L L R R R

109
6
R R L R LRLR L L R L R R R L L L
110
6
L L R L RLRL R R L R L L L R R R
111
6
R L L L RLRL R L L L R R R L L L
112
6
L R R R LRLR L R R R L L L R R R
113
6
R R R L RLRL R R R L R R R L L L
114
6
L L L R LRLR L L L R L L L R R R
115
6
R R R R LRLR L L L L R R R L L L
116
6
L L L L RLRL R R R R L L L R R R

# Part 7
## Sixteenth and Triplet Combinations
## Open and Closed Roll Progressions

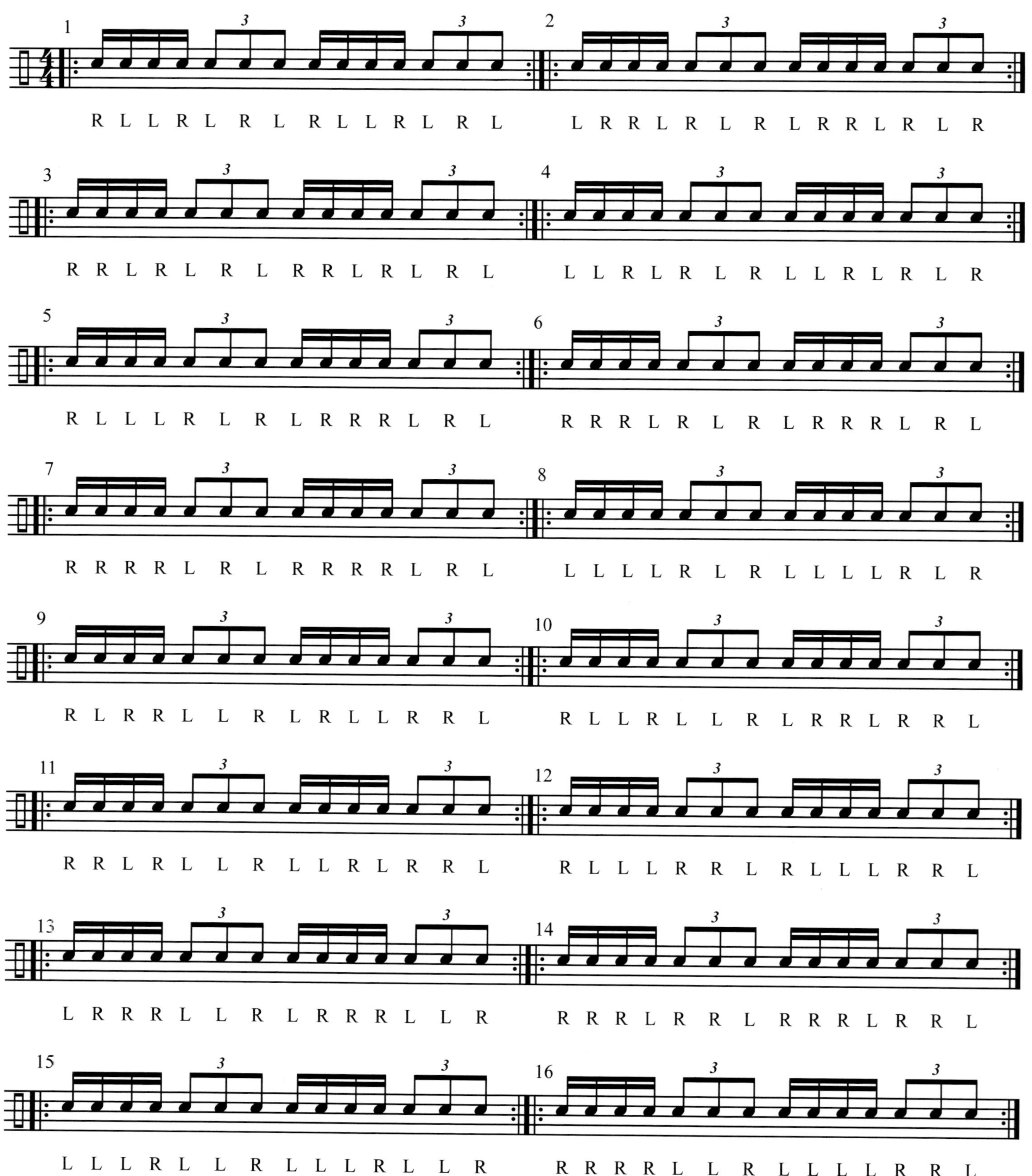

17
R L R L R L L R L R L R L L
18
L R L R L R R L R L R L R R
19
R R L L R L L R R L L R L L
20
L L R R L R R L L R R L R R
21
R L R R L R R L R L L R L L
22
R L L R L R R L R R L R L L
23
R R L R L R R L L R L R L L
24
R L L L R L L R L L L R L L
25
L R R R L R R L R R R L R R
26
R R R L R L L R R R L R L L
27
L L L R L R R L L L R L R R
28
R R R R L R R L L L L R L L
29
R L R L R R R L R L R L L L
30
R R L L R R R L L R R L L L
31
R L R R L L L R L R R L L L
32
L R L L R R R L R L L R R R

33
R L L R L L L R L L R L L L
34
L R R L R R R L R R L R R R
35
R R L R L L L R R L R L L L
36
L L R L R R R L L R L R R R
37
R L L L R R R L R R R L L L
38
R R R L R R R L L L R L L L
39
R R R R L L L R R R R L L L
40
L L L L R R R L L L L R R R
41
R L L R L L R R L L R L L R L L R R L L
42
L R R L R R L L R R L R R L R R L L R R
43
R R L R L L R R L L R R L R L L R R L L
44
L L R L R R L L R R L L R L R R L L R R
45
R L L L R R L L R R L R R R L L R R L L
46
R R R L R R L L R R L L L R L L R R L L
47
R R R R L L R R L L R R R R L L R R L L
48
L L L L R R L L R R L L L L R R L L R R

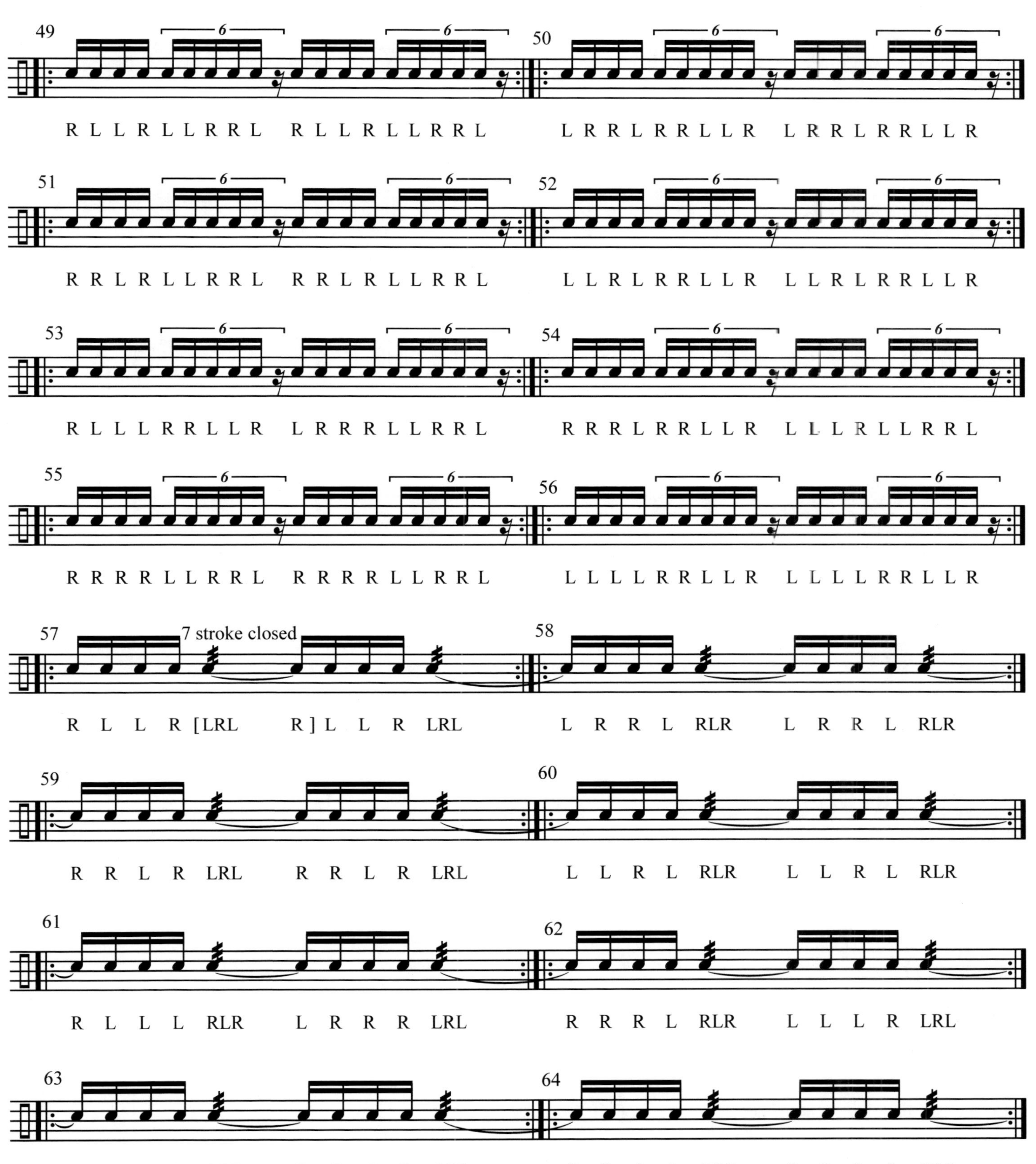
49
6
6
R L L R L L R R L R L L R L L R R L
50
6
6
L R R L R R L L R L R R L R R L L R
51
6
6
R R L R L L R R L R R L R L L R R L
52
6
6
L L R L R R L L R L L R L R R L L R
53
6
6
R L L L R R L L R L R R R L L R R L
54
6
6
R R R L R R L L R L L L R L L R R L
55
6
6
R R R R L L R R L R R R R L L R R L
56
6
6
L L L L R R L L R L L L L R R L L R
57
7 stroke closed
R L L R [LRL R] L L R LRL
58
L R R L RLR L R R L RLR
59
R R L R LRL R R L R LRL
60
L L R L RLR L L R L RLR
61
R L L L RLR L R R R LRL
62
R R R L RLR L L L R LRL
63
R R R R LRL R R R R LRL
64
L L L L RLR L L L L RLR

65
5 stroke closed
R L L R [LRL] R L L R LRL
66
L R R L RLR L R R L RLR
67
R R L R LRL R R L R LRL
68
L L R L RLR L L R L RLR
69
R L L L RLR L R R R LRL
70
R R R L RLR L L L R LRL
71
R R R R LRL R R R R LRL
72
L L L L RLR L L L L RLR
73
5
5
R L L R L R L R L R L L R L R L R L
74
5
5
L R R L R L R L R L R R L R L R L R
75
5
5
R R L R L R L R L R R L R L R L R L
76
5
5
L L R L R L R L R L L R L R L R L R
77
5
5
R L L L R L R L R L R R R L R L R L
78
5
5
R R R L R L R L R L L L R L R L R L
79
5
5
R R R R L R L R L R R R R L R L R L
80
5
5
L L L L R L R L R L L L L R L R L R

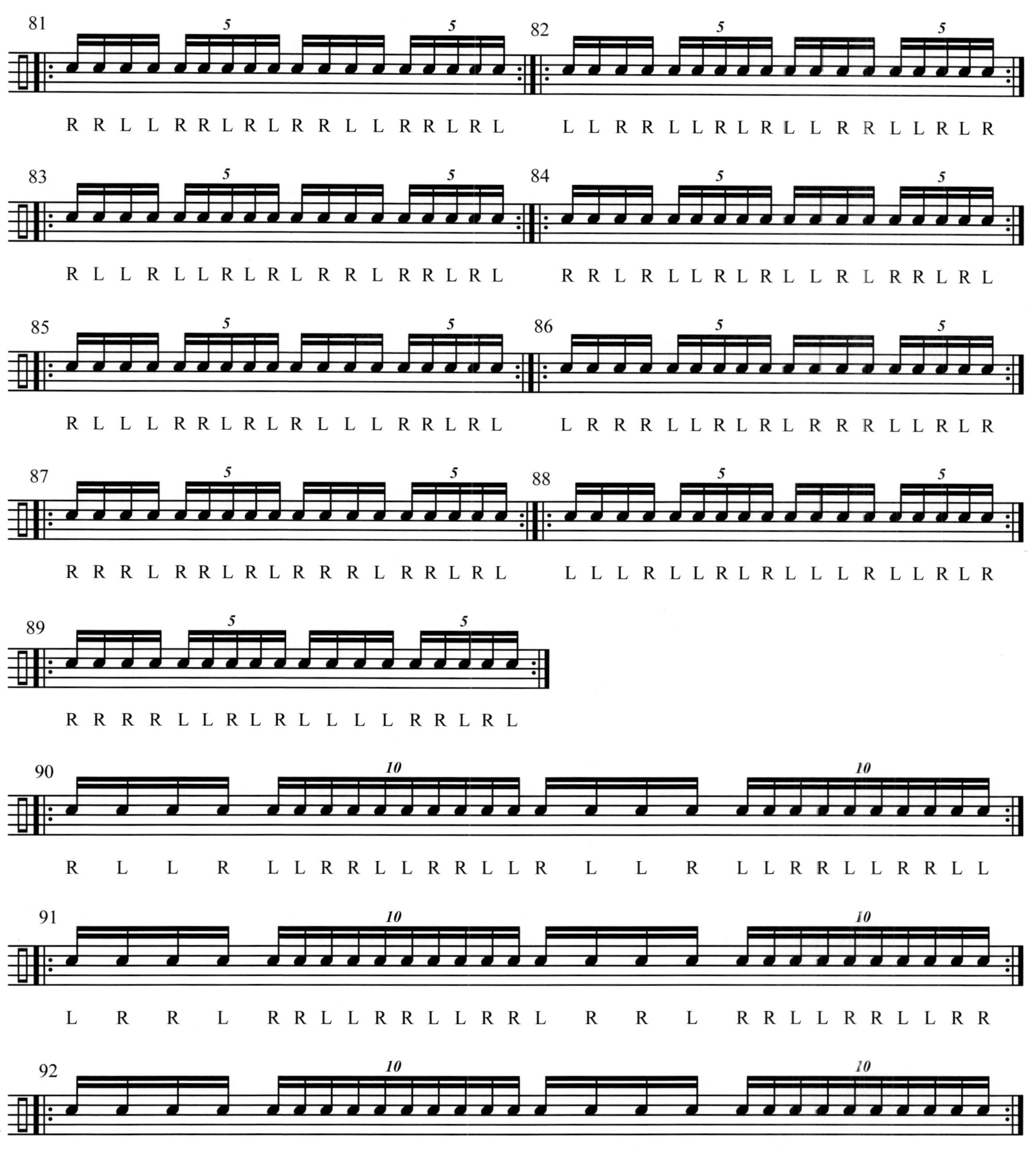
81
5
5
R R L L R R L R L R R L L R R L R L
82
5
5
L L R R L L R L R L L R R L L R L R
83
5
5
R L L R L L R L R L R R L R R L R L
84
5
5
R R L R L L R L R L L R L R R L R L
85
5
5
R L L L R R L R L R L L L R R L R L
86
5
5
L R R R L L R L R L R R R L L R L R
87
5
5
R R R L R R L R L R R R L R R L R L
88
5
5
L L L R L L R L R L L L R L L R L R
89
5
5
R R R R L L R L R L L L L R R L R L
90
10
10
R L L R L L R R L L R R L L R L L R L L R R L L R R L L
91
10
10
L R R L R R L L R R L L R R L R R L R R L L R R L L R R
92
10
10
R R L R L L R R L L R R L L R R L R L L R R L L R R L L

93
10
10
L L R L R R L L R R L L R R L L R L R R L L R R L L R R
94
10
10
R L L L R R L L R R L L R R L R R R L L R R L L R R L L
95
10
10
R R R L R R L L R R L L R R L L L R L L R R L L R R L L
96
10
10
R R R R L L R R L L R R L L R R R R L L R R L L R R L L
97
10
10
L L L L R R L L R R L L R R L L L L R R L L R R L L R R
98
11 stroke closed
R L L R [LRLRL R] L L R LRLRL
99
L R R L RLRLR L R R L RLRLR
100
R R L R LRLRL R R L R LRLRL
101
L L R L RLRLR L L R L RLRLR
102
R L L L RLRLR L R R R LRLRL
103
R R R L RLRLR L L L R LRLRL

104
R R R R LRLRL R R R R LRLRL
105
L L L L RLRLR L L L L RLRLR
106
9 stroke closed
R L L R [LRLRL] R L L R LRLRL
107
L R R L RLRLR L R R L RLRLR
108
R R L R LRLRL R R L R LRLRL
109
L L R L RLRLR L L R L RLRLR
110
R L L L RLRLR L R R R LRLRL
111
R R R L RLRLR L L L R LRLRL
112
R R R R LRLRL R R R R LRLRL
113
L L L L RLRLR L L L L RLRLR
114
6 6
L L R R L R L R L R L L R R L R L R L R
115
6 6
R L L R L R L R L R L R R L R L R L R L
116
6 6
R R L R L R L R L R L L R L R L R L R L
117
6 6
R L L L R L R L R L R L L L R L R L R L
118
6 6
L R R R L R L R L R L R R R L R L R L R
119
6 6
R R R L R L R L R L R R R L R L R L R L

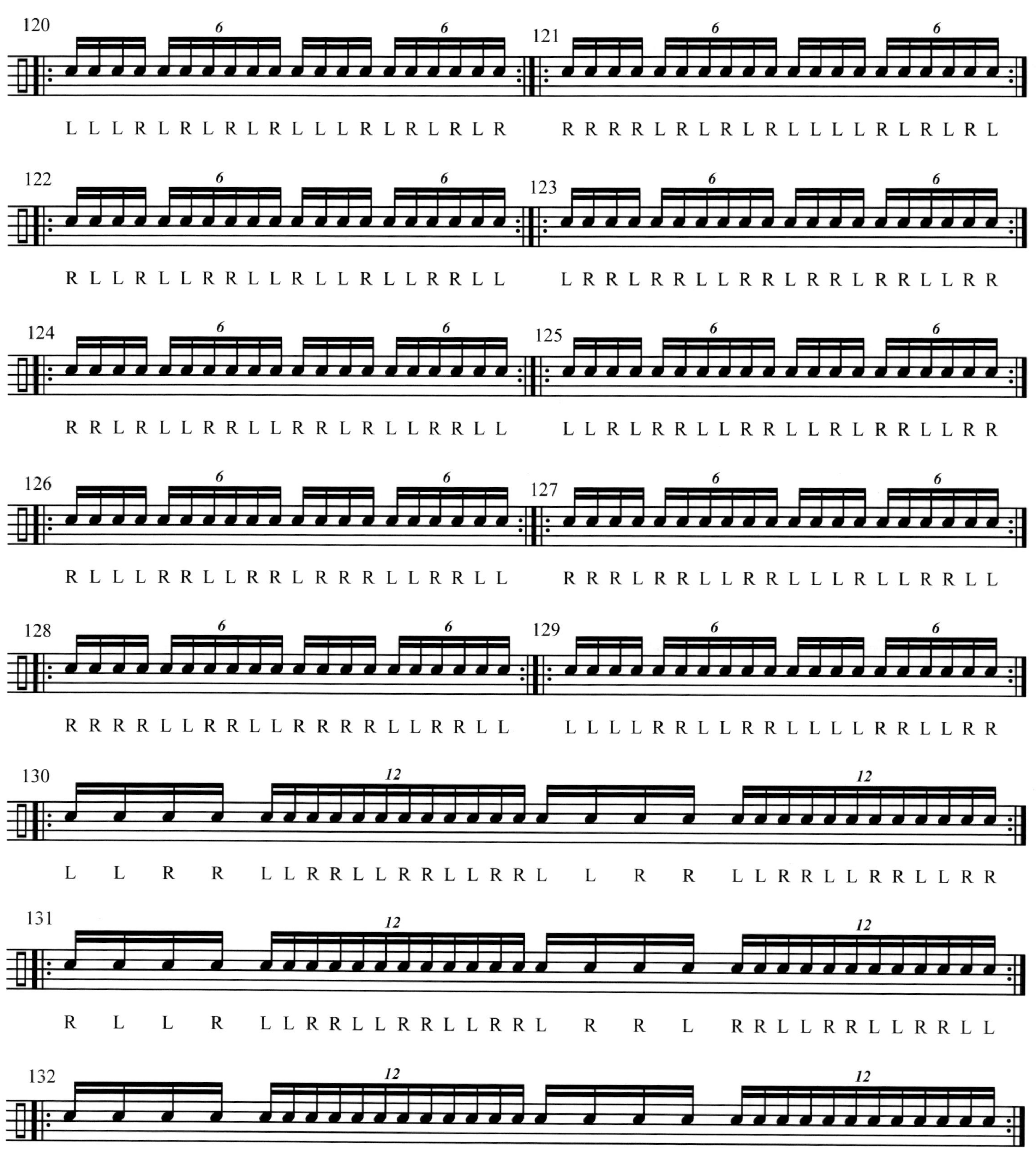
120
6
6
L L L R L R L R L R L L L R L R L R L R
121
6
6
R R R R L R L R L R L L L L R L R L R L
122
6
6
R L L R L L R R L L R L L R L L R R L L
123
6
6
L R R L R R L L R R L R R L R R L L R R
124
6
6
R R L R L L R R L L R R L R L L R R L L
125
6
6
L L R L R R L L R R L L R L R R L L R R
126
6
6
R L L L R R L L R R L R R R L L R R L L
127
6
6
R R R L R R L L R R L L L R L L R R L L
128
6
6
R R R R L L R R L L R R R R L L R R L L
129
6
6
L L L L R R L L R R L L L L R R L L R R
130
12
12
L L R R L L R R L L R R L L R R L L R R L L R R L L R R L L R R
131
12
12
R L L R L L R R L L R R L L R R L R R L R R L L R R L L R R L L
132
12
12
R R L R L L R R L L R R L L R R L L R L R R L L R R L L R R L L

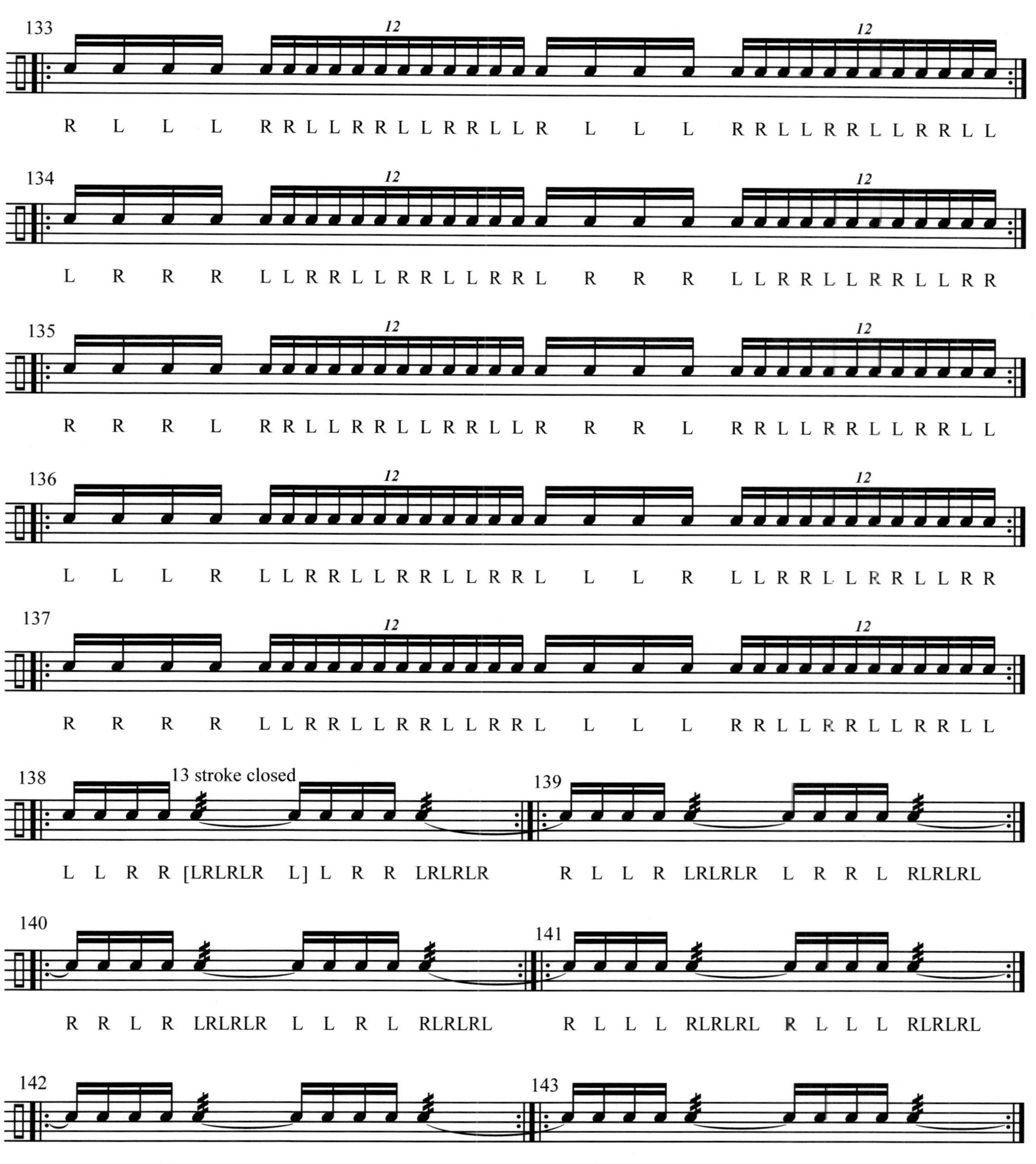
133
12
12
R L L L R R L L R R L L R R L L R L L L R R L L R R L L R R L L
134
12
12
L R R R L L R R L L R R L L R R L R R R L L R R L L R R L L R R
135
12
12
R R R L R R L L R R L L R R L L R R R L R R L L R R L L R R L L
136
12
12
L L L R L L R R L L R R L L R R L L L R L L R R L L R R L L R R
137
12
12
R R R R L L R R L L R R L L R R L L L L R R L L R R L L R R L L
138
13 stroke closed
L L R R [LRLRLR L] L R R LRLRLR
139
R L L R LRLRLR L R R L RLRLRL
140
R R L R LRLRLR L L R L RLRLRL
141
R L L L RLRLRL R L L L RLRLRL
142
L R R R LRLRLR L R R R LRLRLR
143
R R R L RLRLRL R R R L RLRLRL

144
L L L R LRLRLR L L L R LRLRLR
145
R R R R LRLRLR L L L L RLRLRL
11 stroke closed
146
L L R R [LRLRLR] L L R R LRLRLR
147
R L L R LRLRLR L R R L RLRLRL
148
R R L R LRLRLR L L R L RLRLRL
149
R L L L RLRLRL R L L L RLRLRL
150
L R R R LRLRLR L R R R LRLRLR
151
R R R L RLRLRL R R R L RLRLRL
152
L L L R LRLRLR L L L R LRLRLR
153
R R R R LRLRLR L L L L RLRLRL
154
7
7
R R L R L R L R L R L R R L R L R L R L R L
155
7
7
L L R L R L R L R L R L L R L R L R L R L R
156
7
7
R R R R L R L R L R L R R R R L R L R L R L
157
7
7
L L L L R L R L R L R L L L L R L R L R L R
158
14
14
R L L R L L R R L L R R L L R R L L R L L R L L R R L L R R L L R R L L

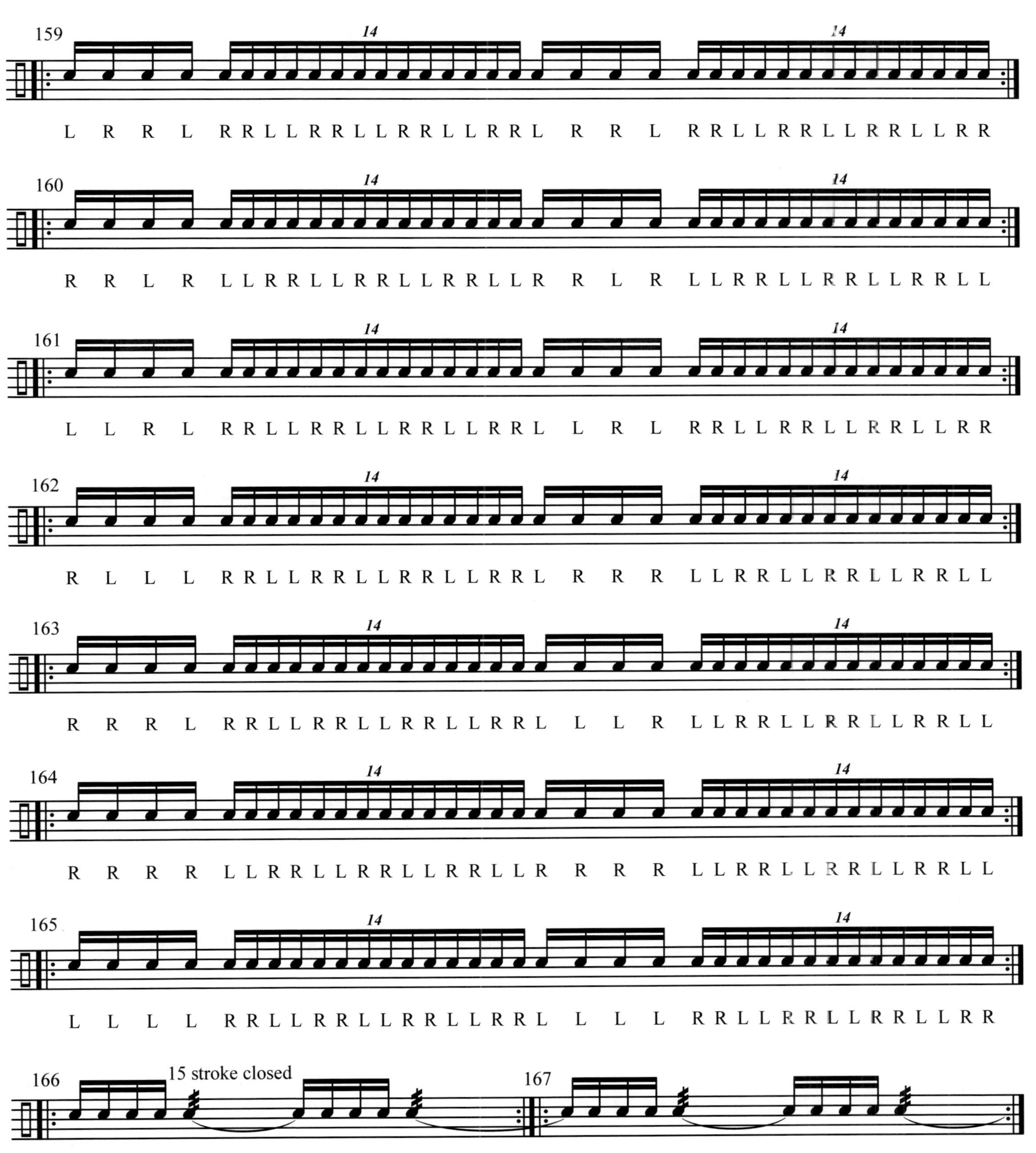
159
14
14
L R R L R R L L R R L L R R L L R R L R R L R R L L R R L L R R L L R R
160
14
14
R R L R L L R R L L R R L L R R L L R R L R L L R R L L R R L L R R L L
161
14
14
L L R L R R L L R R L L R R L L R R L L R L R R L L R R L L R R L L R R
162
14
14
R L L L R R L L R R L L R R L L R R L R R R L L R R L L R R L L R R L L
163
14
14
R R R L R R L L R R L L R R L L R R L L L R L L R R L L R R L L R R L L
164
14
14
R R R R L L R R L L R R L L R R L L R R R R L L R R L L R R L L R R L L
165
14
14
L L L L R R L L R R L L R R L L R R L L L L R R L L R R L L R R L L R R
166
15 stroke closed
167
R L L R [LRLRLRL R] L L R LRLRLRL L R R L RLRLRLR L R R L RLRLRLR

168
R R L R LRLRLRL R R L R LRLRLRL
169
L L R L RLRLRLR L L R L RLRLRLR
170
R L L L RLRLRLR L R R R LRLRLRL
171
R R R L RLRLRLR L L L R LRLRLRL
172
R R R R LRLRLRL R R R R LRLRLRL
173
L L L L RLRLRLR L L L L RLRLRLR
174
13 stroke closed
R L L R [LRLRLRL] R L L R LRLRLRL
175
L R R L RLRLRLR L R R L RLRLRLR
176
R R L R LRLRLRL R R L R LRLRLRL
177
L L R L RLRLRLR L L R L RLRLRLR
178
R L L L RLRLRLR L R R R LRLRLRL
179
R R R L RLRLRLR L L L R LRLRLRL
180
R R R R LRLRLRL R R R R LRLRLRL
181
L L L L RLRLRLR L L L L RLRLRLR
182
6
6
LLRRLLRRLLLRRRLLRRLLRRLLLRRR
183
6
6
LLRRLLR LLLRRRLLRRLLR LLLRRR

184
6
6
181
6
6
L R R L L R LRLR L R R L L R LRLR L R R L L R LRLR L R R L L R LRLR

# About the Author

**Mat Marucci**
*Photo by John Herr*

Mat Marucci is an active performer, author, educator, and clinician listed in *Who's Who In America, International Who's Who In Music* (Cambridge, England), the Institute of Jazz Studies (Rutgers University) and Wikipedia. His performing credits include projects with jazz greats Jimmy Smith, Kenny Burrell, James Moody, Eddie Harris, Buddy DeFranco, Les McCann, Pharoah Sanders, and John Tchicai among others. A recording artist for CIMP and Cadence Jazz Records, Mat has numerous critically acclaimed recordings to his credit as a leader and others as a sideman. His recordings and books have garnered four and five-star reviews in *Jazz Times, Jazziz, Modern Drummer, Downbeat* and *Drum!* magazines and have also received many award nominations. Additionally, Mat has written numerous articles on drumming for *Modern Drummer* and *Downbeat* magazines and for the Percussive Arts Society's *Percussive Notes* and *Percussion News*. He has also been an adjunct faculty member for both American River College (Sacramento, California) and The Jazzschool (Berkeley, California) and is an endorser for Zildjian cymbals, Remo drumheads and Vic Firth drumsticks.

# Other Mel Bay Snare Drum Books

24 Snare Drum Solos for Concerts, Recitals & Contests (Maroni)

Beyond Stick Control (Meyer)

Complete Music for Fife and Drum (Sweet)

Complete Snare Drum Book (Gaetano)

Drum Rudiments: A Simple Approach (Marucci)

Fantastic Hands (Fitch)

Fun with the Drums (Brophy)

Fundamentals of Rhythm for the Drummer (Maroni)

Mastering the Snare Drum (Marucci)

Sight Reading: The Rhythm Book (Pertout)

Snare Drum 101 (Silverman)

Snare Force One (Ritter)

*WWW.MELBAY.COM*

WWW.MELBAY.COM